Wat ik het leukste vond van gevraagd te
over Roland's nieuwe boek te schrijven, ν
geforceerd werd om weer eens te lezen. I
geen boek gelezen end it bracht me weer op gang. Eerlijk, precies,
inspirerend, motiverend, confronterend en revitaliserend... geweldig.

David C Jones, *"David Jones Electricians" www.djelectricians.com.au*

Als ondernemer vraag je je soms af waarom je ooit bent begonnen
met je bedrijf. Dit boek laat het je (in)zien. Een 'page turner' met
opdrachten die je natuurlijk wel moet maken om het 'eigen' te maken.

Roland brengt sprankeling terug in jouw bedrijf.

Esther Janse, *"IMK Nederland" www.IMK.nl*

Ik heb de afgelopen 8 jaar regelmatig met Roland gewerkt. Roland
heeft mij op vele wijzen geholpen bij het ontwikkelen van mijn bedrijf
van $1.8Miljoen tot $13 Miljoen omzet en van 2 to 30 personeel.

Een van de redenen dat ik steeds weer terug kom bij Roland is
zijn enthousiasme om te blijven leren en zichzelf te ontwikkelen.
Dit boek is een geweldig voorbeeld van hoe zijn denken over
bedrijfsvoering zich ontwikkeld heeft over de afgelopen jaren.

Het kan zijn dat je het niet met alles dat Roland schrijft eens
bent, maar je moet het zonder meer lezen en jezelf de vragen
stellen die Roland's boek je als ondernemer voorlegt.

Narinder Sing Badhan, *"7Star Supermarkets"*
www.7starsupermarket.com.au

Ik heb over de Jaren met plezier alle drie de boeken van
Roland gelezen en de Geboden in mijn bedrijf aangepast.

Roland zoekt in dit boek naar de fijne balans tussen winst maken,
duurzaamheid en plezier hebben in het leven en bedrijf voeren.
Het is Roland's meest boeiende speurtocht, tot op heden. Hoog
aangeraden voor drukke ondernemers die zich vast voelen te zitten.

Rick Polito, *"AXSAPT" www.axsapt.com.au*

Roland's derde boek volgt het thema van de eerdere Tien Geboden en gaat over de dagelijkse realiteit die de meeste kleine ondernemers ervaren. Bedrijven moeten goed worden gemanaged om succesvol te kunnen zijn, maar uiteindelijk kan success alleen maar bepaald worden door de eigenaren van de zaak zelf. Roland geeft ons praktische wegwijzingen om je eigen success te bepalen en te creëren. Makkelijk om te lezen, kort en krachtig en uiterst relevant, 10/10

Sebastiaan De Jonge, *"KwikKopy Auburn"*
www.kwikkopy.com.au/auburn

Ontdek de eenvoudige waarheden over hoe je je zaak onder controle kan houden en hoe je een successvol en inspirerend bedrijf bouwt. Lees dit boek en pluk de vruchten.

Geoff Anderson, *"Sonic Sight" www.sonicsight.com.au*

Roland heeft weer opnieuw een geweldig stuk gereedschap geschreven voor overspannen ondernemers, waarmee je jezelf weer op het rechte pad kan zetten, wanneer je voor de zoveelste keer weer aan het afdwalen bent geraakt.

Mark Nashaty, *"On The Go Plumbing" www.onthegoplumbing.com.au*

Met elk hoofdstuk werd ik verder geinspireerd om te stoppen met wat ik aan het doen was en te beginnen mijn bedrijf echt Leuk te maken.

Vergeet de E-Myth maar. Dit boek geeft je de eenvoudige, bereikbare, effectieve stappen om een Leuk Bedrijf te bouwen. Lees dit eerst. Later kan je besluiten of je nog verder wil groeien of dat je tevreden bent met wat je bereikt hebt... Brilliant.

Wendy Lloyd Curley, *"Wendy The Candle Lady"*
www.wendythecandlelady.com

De Tien Geboden
om een Leuk
Bedrijf te Bouwen

Een bedrijf dat nog jaren zal bloeien

ROLAND HANEKROOT

Geachte lezer,

Ik wil even vragen: Heeft u ooit zo'n copyright pagina als deze gelezen in een van uw boeken?

Nee, dat dacht ik al, ik ook niet.

Ik weet overigens bijna zeker dat de meeste auteurs hun copyright paginas kopieren uit een ander boek… Daar zeg ik dus verder maar even niks over.

Maar voor het geval dat u deze pagina toch leest:

Ik heb dit boek geschreven, Als u het wilt lenen, in het geheel of in stukken, dan mag dat, maar het zou natuurlijk aardig zijn als u me dat even liet weten, en mijn naam als bron vermeldde.

Redelijk?

Bij voorbaat hartelijk dank,

Roland Hanekroot

Overigens

Laat we hierbij ook aannemen dat ik natuurlijk een wettelijke "disclaimer" van ergens had kunnen kopieren voor dit boek. Dus voor het geval dat: Ik zou graag ook afspreken met U, dat we hierbij aannemen dat ik geen verantwoordelijkheid heb voor wat voor gevolgen dan ook van het lezen van dit boek, behalve de positieve gevolgen, want daar ben ik nogal trots op.

U kunt verder makkelijk in contact komen met mij wanneer u dat graag wilt:
Roland Hanekroot
New Perspectives Coaching
PO Box 1052 Potts Point 2011 NSW Australia
roland@newperspectives.com.au.

Gepubliceerd door New Perspectives Publishing

Omslag, Ontwerp en illustraties door
Rajiv Kumar
rajiv.m64@gmail.com

ISBN 978-0-9870794-9-7

Toewijding

---

*Dit boek is toegewijd aan alle vrouwen in mijn
leven: Daniela, Liesha, Ruby, Layla en Rolien*

Contents

INTRODUCTIE

DE TIEN GEBODEN

om een Leuk Bedrijf te Bouwen

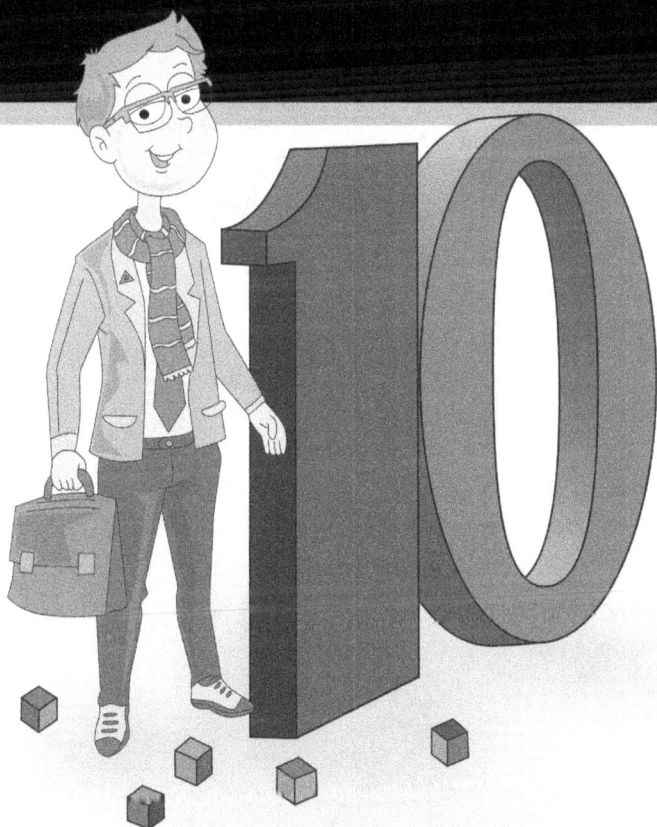

Waarom dit boek?

Sinds de publicatie van mijn eerste boek, *De Tien Geboden voor het Opvoeden van een Bruisende Bedrijfje en mijn tweede, De Tien Geboden om je Bedrijf te laten Groeien, werd mij er vaak op gewezen*, dat een derde boek tot een trilogie van Geboden zou leiden en zo'n uitzonderlijke kans mag je echt niet negeren.

Uiteraard waren er nog meer redenen voor het schrijven van dit boek en één van deze was al vermeld aan het einde van het tweede boek:

"Vergeet niet: een zaak opbouwen en uitbouwen moet met Plezier gepaard gaan. Zorg hiervoor."

Ook het schrijven van de eerste twee boeken en hierover praten met zakenmensen heeft geleid tot de voor de hand liggende vraag: nu we een bedrijf hebben gecreëerd en uitgegroeid zijn tot een grootte waar we ons goed in voelen, wat nu?

Dit boek gaat over de vraag 'wat nu?' en het antwoord is zeven letters…PLEZIER… deze zeven letters zullen je bedrijf en je leven veranderen… dat beloof ik jou.

Overigens: Ik heb het in deze Nederlandse vertaling ook over een "Leuk Bedrijf" in afwisseling met het word Plezier. Soms past dat gewoon beter in het Nederlands, maar het principe is hetzelfde: een Leuk Bedrijf is een Bedrijf waar je Plezier in hebt.

Alle Geboden

De Tien Geboden om Plezier in je Bedrijf te hebben, vervangen niet de eerste en de tweede Tien Geboden. De Geboden van de vorige boeken blijven even belangrijk.

Enerzijds gaan de Geboden van dit boek verder dan de grondslagen van de eerste twee boeken en zijn ze ontworpen om jou te helpen een bloeiend bedrijf op te richten; een bedrijf dat een positieve, blijvende invloed heeft op alle betrokkenen.

Maar anderzijds komt dit boek eerst, omdat datgene waarover ik praat in dit boek de echte basispijlers zijn waarop de Geboden van de andere boeken steunen.

Tenslotte weerspiegelen deze drie boeken ook de ontwikkeling van mijn gedachten over bedrijfsvoering gedurende de afgelopen jaren.

Hoe dan ook, de drie boeken vullen elkaar aan en ik weet dat je er voordeel uit zal halen door ze alle drie te lezen.

Merk op dat de Geboden in dit boek een ander patroon volgen dan in de vorige boeken. Er is bijvoorbeeld geen Gebod over verkoop of marketing. Dit betekent niet dat we geen verkoop of marketing hoeven te doen. Integendeel, het betekent dat sommige onderwerpen al besproken zijn in de vorige boeken en hier nog steeds van toepassing zijn.

Achtergrond en reuzen

Zoals ik in mijn eerste boek heb vermeld, geloof ik niet dat er veel nieuwe kennis in deze wereld is, mijn gedachten komen meestal voort uit iets anders. In de woorden van middeleeuws filosoof Bernard of Chartres (en verschillende keren gelinkt aan Galileo, Napoleon, Einstein, Newton en de meeste andere grote geesten van de afgelopen 500 jaar), "I am a dwarf standing on the shoulders of giants" (en als dat het geval is, ben ik een muis op zijn hoofd).

De laatste 10 jaar praten meer en meer zakenmensen over de nood om onze manier van denken over zaken te veranderen. Oprichters en directeurs van grote internationale bedrijven, academici, zaken goeroes en zelfs politici realiseren zich dat we niet gewoon verder zaken kunnen doen zoals we dat gedaan hebben sinds de Industriële Revolutie.

De volgende namen zijn enkele van de reuzen waarop ik steun en die mij hebben beïnvloed in mijn manier van denken over zaken doen en wat het betekend om echte duurzame bedrijven te bouwen in de 21ste eeuw. Ik vermeld deze niet omdat ik je wil imponeren over het aantal boeken dat ik heb gelezen, maar omdat ik niet iets wil claimen dat mij niet toebehoort.

Enkele van de volgende namen zullen ook specifiek worden vermeld op verschillende punten in het boek en sommige zijn enkel onderdeel van de achtergrond.

De reuzen: Peter Drucker, Jim Collins, Roy Spence, Robert Greenleaf, Tony Hsieh, Chip Conley, Simon Sinek, Dan Pink, Ingvar Kamprad, Herb Kelleher, Jack Stack, Ricardo Semler, Richard Branson, Brene Brown, Lynne Twist, Bo Burlingham, Kenneth Iverson, Kim Chan, John Mackey, Raj Sisodia, Bob McDonald, Kenneth Blanchard, Seth Godin, Marcus Buckinham, Jonathan Fields, Daniel Goleman,

Oliver Burkeman, Graham Long en vele andere. Dit is een collectie van wonderbaarlijke personen.

Ik ben ook geheel overtuigd dat duurzame bedrijven en gemeenschappen opbouwen in de 21ste eeuw vereist dat we op nieuwe manieren leren denken over zaken doen. Daarom, op groot of klein niveau, geloof ik dat een aantal ideeën de pijlers van dit boek vormen, namelijk dat:

- Er is (en er moet) een limiet zijn aan het groeien

- De uitspraak 'bedrijven moeten groeien of ze zullen sterven' is een mythe

- Er is zoiets als 'genoeg'

- Klanten en werknemers (iedereen dus, met andere woorden) zijn niet langer geïnteresseerd in werken bij, wonen naast, aanvoeren of kopen van 'bedrijven zoals het altijd was'

- We moeten nieuwe, effectieve manieren vinden om het succes van een bedrijf te meten, buiten winst, om lange termijn bedrijven te kunnen oprichten (en dat geldt ook voor gemeenschappen)

- Onze exclusieve focus op winst als bedoeling van het bedrijf en de maatstaf van zijn succes levert geen duurzame toekomst.

- De meeste kleine bedrijfseigenaars opereren in een bijna constante overweldigde staat, en op hetzelfde moment voelen ze vaak een niveau van onbekwaamheid over hun eigen efficiëntie als bedrijfseigenaar.

- Elke individuele bedrijfseigenaar zou 110% trots moeten zijn over zijn prestaties in het oprichten van zijn zaak en dit leefbaar te houden, het maakt niet uit of het 1 of 10,000 personen tewerk stelt en ook niet hoeveel het bedrijf in de ogen van een investeerder waard is.

De meeste van deze gedachten reflecteren dilemma's en contradicties, waarop ik geen kant en klare antwoorden heb. Meer en meer begin ik mensen te wantrouwen die me zeggen dat ze antwoorden hebben. Ik denk dat er veel antwoorden zijn, en vaak zijn de vragen op een of andere manier interessanter dan de antwoorden. Maar ik denk wel zeker, dat kleine bedrijven veel toekomst bieden in het bouwen van duurzame gemeenschappen en economieën voor de komende 100 jaar. Ik hoop in ieder geval, dat ik een kleine bijdrage kan leveren in de internationale discussie die ons de weg kan tonen naar de oplossing van sommige van onze dilemma.

Omdat ik als laatste geloof dat wanneer we een oplossing vinden voor die contradicties, we samen gelukkiger zullen worden als zakenmensen en gewoon als mensen, en misschien zelfs dat de planeet ons ook nog langer kan onderhouden.

De structuur van dit boek

Het boek is onderverdeeld in 12 hoofdstukken: het Uitgangspunt, de 10 Geboden en een bonus Gebod:

- Het Uitgangspunt gaat over het idee van Plezier als een zakelijk management instrument.

- De eerste drie Geboden gaan over de grondpijlers waarop een Leuk Bedrijf gebouwd is.

- Geboden 4,5,6,7 en 8 zijn de management Geboden die gaan over hoe je een Leuk Bedrijf opbouwt.

- Gebod 9 gaat over hoe het opbouwen van een Leuk Bedrijf een andere soort van leiderschap vereist dan de conventionele 'bevel en controle' aanpak.

- Gebod 10 gaat over de tweede helft van de titel van dit boek: een duurzame zaak en het verband met het woord 'genoeg'.

- Als laatste gaat de Bonus Gebod over de volgende stappen.

Hoe dit boek gebruiken

Elk hoofdstuk heeft dezelfde indeling:

1. Het Gebod (of het Uitgangspunt).

2. Uitleg van het Gebod.

3. Het verhaal van Joan: Elk Gebod is geïllustreerd aan de hand van een voorbeeld uit het echte leven van een bedrijfseigenaar en klant van mij, die Zaken doen Leuk maakt en een duurzaam bedrijf heeft opgebouwd.

4. Een reeks Volgende Stappen en vragen die jou helpen om het Gebod in jouw bedrijf toe te passen.

5. Een reeks bronnen om verder te lezen, kijken en luisteren om je een beter inzicht te geven over het Gebod.

6.   Een laatste iets om over na te denken

Er zijn ook speciale 'Tien Geboden over Plezier' werk-
boeken die het boek ondersteunen, met vele leuke oefeningen en bonus hulpbronnen. Ga naar de Tien Geboden
website voor meer informatie en hoe deze te bemachtigen.
www.thetentruths.com.au.

Om het meeste uit dit boek te halen, moet je het twee keer
lezen. De eerste keer gewoon van begin to eind en de tweede
keer ga je met de instructies aan het eind van elk hoofdstuk
aan de gang. Volg dan de instructies in de Volgende Stap.
Voorzie je zelf van een werkboek, antwoord al de vragen,
schrijf de antwoorden in je werkboek, verplicht je zelf om de
kleine stap aan het einde te nemen van de volgende stappen.
Je zal versteld staan wat voor een verschil dit zal maken in
je bedrijf en je leven.

Reacties, vragen, commentaar en hulp

Ik zou graag met je praten en je reactie horen over alle boeken
in the Tien Geboden Trilogie (Hoewel de eerste twee niet
in het Nederlands zullen worden vertaald voorlopig). Ik
antwoord graag op elke vraag die voor je naar boven komt.

Ik wil ook zeker jouw succesverhaal horen en hoe je een of
meer van de Tien Geboden hebt toegepast.

Om contact op te nemen, stuur me een email,
roland@newperspectives.com.au of ga naar de Tien
Geboden website www.thetentruths.com.au. Als je meer
wilt weten over mijn filosofie, achtergrond, coaching stijl
en bedrijfstraining programmas, ga dan naar de New

Perspectives website op www.newperspectives.com.au.

Ik beloof nuttig en direct te antwoorden op elke authentieke email. Als je niet akkoord gaat met iets dat ik heb geschreven, zie ik ernaar uit om dit te discussiëren met jou.

Van tijd tot tijd maak ik meer hulpmiddelen en instrumenten beschikbaar op de Tien Geboden website, en onder het Tien Geboden merk. Verstuur me een email met jouw gegevens als je wilt dat ik je op de hoogte houd van de ontwikkelingen.

Een notitie over de tekst: Ik heb nogmaals beslist om de bedrijfseigenaren te refereren als mannen (hij, zijn). Ik had even goed de bedrijfseigenaren als vrouwen kunnen kiezen. Ik heb evenveel vrouwen als mannen als cliënten. Ik geloof dat meer en meer vrouwen zelf nieuwe bedrijven opstarten. Het is duidelijker dat bedrijfseigenaar zijn een effectieve manier is om het glazen plafond te vermijden.

Erkenninig

De wereld's meest geliefde redacteur Amanda Crawford heeft haar magie nogmaals losgelaten op de Engelse versie van dit boek – www.periplum.com.au.

Mijn prachtige en wonderbaarlijke vrouw Daniela Cavalletti gaf me zeer nuttige ondersteuning op verschillende stadia, moedigde me aan en verwijderde eigenzinnige leestekens en spelling fouten. www.cavacom.biz.

Rajiv Kumar heeft de illustraties en afbeeldingen gemaakt, en het boek ontworpen – rajiv.m64@gmail.com.

Natuurlijk, elke fout is van mij en alleen van mij.

Zoals ik vertelde aan het einde van mijn tweede boek: vergeet niet, een bedrijf opbouwen moet Leuk zijn. Zorg hiervoor.

HET UITGANGSPUNT

WAAROM IS PLEZIER ZO BELANGRIJK?

Een succesvol bedrijf is een Leuk Bedrijf

Hebben we al plezier?

*Plezier is de uitweg als het je allemaal
een beetje teveel wordt.*

Het klinkt misschien vreemd om de focus van een serieus boek over zaken doen, geschreven door een serieuze bedrijfscoach voor serieuze bedrijfseigenaars te richten op zoiets schijnbaar vaags als 'Plezier in Zaken doen'.

Plezier betekent naar het café gaan op vrijdagavond, een etentje met vrienden of luieren op een tropisch eiland. Wat al deze voorbeelden gemeenschappelijk hebben, is dat deze plaats vinden buiten de werkuren, en het enige gemeenschappelijke met jouw bedrijf is dat het bedrijf ervoor betaald.

Dit boek gaat over 'Plezier' en 'Zaken doen' om 2 belangrijke redenen:

1. Het concept van Plezier in Zaken doen waar ik het over heb, is wel degelijk een zakelijk bedrijfsmanagement instrument.

2. De vorm van plezier waar ik het over heb in dit boek is een andere vorm van plezier dan het plezier dat we hebben tijdens een etentje met vrienden. De vorm van plezier waar ik het over heb, is het gevoel van voldoening dat je hebt wanneer je een zaak opstart die draait als een goed gesmeerde machine.

Ik geloof dat we anders moeten denken over zaken doen dan dat ons wordt aangeleerd door de bedrijfsgoeroes en management boeken. Ons is verteld dat zaken doen gaat over serieuze geldzaken, contracten, personeel management, verkoopcijfers, geldstromen, IT systemen, etc. Natuurlijk is dit allemaal onderdeel van zaken doen, maar dat is niet waar we moeten starten.

We moeten starten met Plezier hebben, want als je Bedrijf Leuk is, betekent dat dat je:

- Geld aan het verdienen bent
- Genoeg tijd hebt om te doen wat je moet doen
- Trots bent op wat je bedrijf maakt of levert
- Exact weet waar je naartoe gaat en waarom
- Tevreden klanten hebt
- Toegewijd personeel hebt
- Evenwicht in je leven hebt

In het begin, wanneer we net gestart zijn met onze nieuwe zaak is er meestal genoeg van dit soort Plezier, want het is allemaal nieuw, opwindend, avontuurlijk en uitdagend. Maar na een tijdje komen we met onze 2 voeten op de grond en plots beseffen we dat:

- We niet zoveel geld verdienen zoals we initieel hadden gedacht.
- We onze zoon niet meer naar de voetbaltraining kunnen brengen.
- Onze klanten niet allemaal onze grootste fan zijn
- Ons personeel niet zo perfect is als we hadden gedacht.

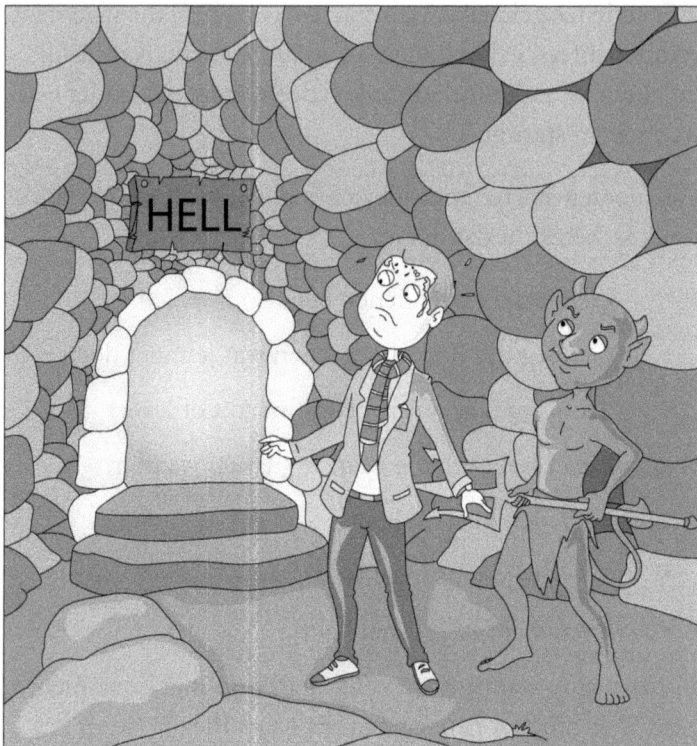

En wanneer we dit merken, beginnen we ons een slaaf van het bedrijf te voelen, en raken we bezorgd dat het licht aan het einde van de tunnel misschien niet de zon is.

Natuurlijk zeggen we tegen onszelf dat Rome ook niet in 1 dag gebouwd werd en dat er hoogte en laagte punten zijn. Zoals we allemaal weten (omdat de bedrijfsgoeroes ons er constant aan doen herinneren), en zelfs Churchill zei al, "Geef nooit op" (en hij wist wel het een en ander over het oplossen van crisissen). Dus douw jezelf tot het uiterste en de goede tijden zullen vast en zeker volgen.

En soms moeten we de laagtepunten bij de hoogtepunten nemen en het leven van een bedrijfseigenaar gaat natuurlijk niet altijd over rozen, maar steeds maar achter de feiten aanlopen is nog iets helemaal anders.

DE SCEPTER ZWAAIEN

Zo gaat dat voor veel van ons kleine bedrijfseigenaren, achter de feiten aanlopen, de crisis beheren, de scepter zwaaien en eigenlijk van alles wat doen zonder ons echt ergens op kunnen concentreren. We worden eigenlijk constant overweldigd door de situatie.

Na bijna 30 jaar zaken te doen en gewerkt te hebben met veel verschillende bedrijfseigenaars, ben ik to het besef gekomen dat de enige manier om uit deze staat van overweldiging te komen en te vermijden dat je slaaf van je bedrijf wordt, is door te verzekeren dat je bedrijf zelf Leuk is, betekenisvol leuk, waar ik het al eerder over had.

CONCURRERENDE PRIORITEITEN

Een van de algemene uitdagingen in bedrijven, en vooral in kleine bedrijven, is dat er elke dag zoveel concurrerende prioriteiten om je aandacht vragen, dat je simpelweg niet weet wat het volgende is waarop je moet focussen. Daarenboven, voel je je misschien niet helemaal zeker van je kennis en vaardigheden in de verschillende aspecten van bedrijfsontwikkeling. Per slot van rekening ben je de zaak gestart op basis van je kennis als timmerman of architect of boekhouder, en niet je kennis in verkoop, marketing, personeelsbeleid etc. Niemand heeft jou geleerd hoe je een personeels-handleiding moet schrijven of een winst voorspelling moet maken, of wel?

Het resultaat van die dagelijkse uitdaging is dat de meeste bedrijfseigenaars terug grijpen naar 'met de hamer zwaaien' (want dat is het enige wat ze echt kennen) en de crisis beheren; gewoon reageren op wat er komt. Vertel me, was jij met je hoofd aan het knikken bij het lezen van die laatste zinnen?

EEN NIEUW GEREEDSCHAP VOOR JE GEREEDSCHAPSKIST

Het concept van Plezier in Zaken doen, is een ongelofelijk krachtig instrument om je van dat instinctief crisisbeheer af te houden en niet terug te grijpen naar de hamer, en om jezelf (en je team) te focussen op wat het belangrijkste is voor de volgende dag, volgende maand en volgend jaar.

Het instrument waarmee je dit concept toepast op jezelf en op je team is misleidend simpel. Het bestaat uit niet meer dan één simpele vraag: Hoe kunnen we morgen (volgende week, volgend jaar) een klein beetje leuker maken dan gisteren (vorige week, vorige maand).

Jezelf en je team regelmatig deze vraag stellen, zal je helpen de crisissen te overwinnen en concurrerende prioriteiten te rangschikken en je aandacht te focussen op wat het volgend meest belangrijke item is, waar je je mee bezig moet houden in je bedrijf.

In Gebod 8, dat gaat over afmeten, gaan we ons verdiepen in de praktische kwestie van het meten van plezier in zaken doen en je mag natuurlijk daar nu even gaan kijken, als je wilt om te zien hoe ik voorstel dat je dat doet. Maar kom zeker terug bij het begin, want in de volgende hoofdstukken gaan we van start.

DE REST VAN DIT BOEK

De tien Geboden gaan over de kritische componenten van bedrijven, waar het bedrijf doen zelf plezierig is. Een bedrijf dat zelf echt Leuk is (met een grote 'L'), dat is een bedrijf dat jaren zal bloeien.

Het boek is niet genaamd 'De tien tips voor geluk' of 'De tien stappen tot succes in zaken doen'; er zijn geen kant en klare, universele antwoorden in zaken doen (of in het leven, wat dat betreft). Ik probeer zo veel mogelijk te vermijden om dingen voor te schrijven in mijn werk, want ik geloof dat elke klein bedrijf net zo uniek is als de eigenaar. Wat jij gaat toe passen in jouw bedrijf en hoe je dat doet, zal geheel verschillen met de volgende lezer van dit boek.

Ik geloof echter in een aantal tijdloze Geboden; ideeën over zaken die algemeen gelden en die individueel kunnen toegepast worden.

Dus vanaf hier kijkt elk hoofdstuk naar een belangrijke Gebod over zaken doen. En dan aan het eind van elk hoofdstuk nodig ik je uit om iets met dat idee te doen in je eigen bedrijf. Ik twijfel er niet aan dat je deze ideeën op je eigen manier zal interpreteren en toepassen.

Één ding geldt echter voor elke bedrijfseigenaar: wanneer je je toelegt op het realiseren van een Leuk bedrijf en je start met het creëren van een omgeving waarin jezelf en je team zich constant afvraagt: hoe kunnen we het morgen nog weer een klein beetje leuker maken dan vandaag? zet je de eerste stap in het bouwen van een Leuk Bedrijf dat nog veel jaren zal bloeien… Dat beloof ik jou.

Het avontuur van Joan in het MKB.

*Waarin we kennismaken met Joan en haar bedrijf,
en Joan tot het besef komt dat ze haar bedrijf niet is
gestart om zich elke dag zo gestresseerd te voelen.*

Laten we kennismaken met Joan. Door dit boek volgen we Joan op haar avontuur van stress naar Plezier.

In elk hoofdstuk van dit boek zullen we zien hoe Joan ieder Gebod toepast, een voor een stap voor stap, en volgen we haar bij de opbouw van haar bedrijf vol Plezier, dat nog jaren zal bloeien.

Het verhaal start een aantal jaren geleden in Sydney, Australië

Joan is midden 30 en had sinds 3 jaar haar eigen ontwerp en web ontwikkelingsbedrijf.

Maar het afgelopen jaar had niet goed aangevoeld. De eerste jaren waren heel opwindend geweest. Elke dag bracht een nieuwe uitdaging en een ander avontuur en Joan ging helemaal op in het oplossen van al die problemen, het regelen van crisissen en het gevoel hebben dat ze de baas was over haar leven.

Haar bedrijf opstarten bleek een veel grotere uitdaging te zijn dan verwacht, maar in het eerste jaar was alles zo opwindend. En, nou ja, Joan had zichzelf verteld dat als eenmaal het eerste jaar voorbij zou zijn, haar leven zeker makkelijker zou worden en dat ze misschien zelfs tijd zou hebben om af en toe wat te ontspannen.

Maar na de moeilijke dagen van het eerste jaar, werd het maar niet beter. Zaken gingen eigenlijk heel goed, gezien de concurrentie en slechte economie, maar het leven was niet makkelijker en Joan begon zich zorgen te maken dat het misschien nooit makkelijker zou worden.

Joan had een eindeloze lijst van dingen die ze wilde doen in de gebieden van bedrijfsontwikkeling; belangrijke initiatieven in marketing, systeem ontwikkeling, kwaliteitscontrole, personeel management, planning, financieel management etc., maar ze kon er simpelweg niet aan beginnen, omdat ze nooit genoeg tijd had. Er waren altijd crisissen waar haar aandacht naartoe ging, werk van cliënten dat achterliep op schema en deadlines die gehaald moesten worden. Personeel dat hier en daar steken liet vallen die Joan zelf moest oprapen. Bovendien was Joan nog steeds de meest bekwame ontwerper van het bedrijf.

Joan was altijd een goeie slaper geweest, maar onlangs begon ze wakker te worden in het midden van de nacht met een kloppend hard en een droge mond en kon ze soms uren lang niet meer terug in slaap vallen. Het was inmiddels maanden geleden sinds ze nog eens uitgerust was wakker geworden.

Joan voelde zich overweldigd.

Joan en ik kenden elkaar al een jaar, toen we op een dag gingen zitten voor een goed gesprek. Het werd mij duidelijk dat Joan in een staat van overweldiging was en ze niet meer helder kon nadenken. Ik stelde voor om eens terug te denken aan het Plezier dat ze in het eerste jaar in het bedrijf had gehad en om een eenvoudige lijst te maken van alles dat ze leuk vond aan haar bedrijf, een lange lijst van elke klein puntje dat een gevoel van tevredenheid en beloning gaf.

Hoewel Joan niet zeker was hoe zo'n lijst haar zou gaan helpen vooruit te komen, beloofde ze om tijd te vinden om dit te doen. Een week later hadden we ons volgende gesprek en bekeek ik haar lijst. Ik vroeg haar hoe het voelde om al die leuke dingen op te noemen. Dingen zoals: nieuwe klanten ontmoeten, complimenten krijgen van klanten, trots voelen wanneer een nieuwe website van een klant online ging, werken met haar team en aangezien worden als leider door haar vrienden en personeel.

De lijst was 2 pagina's lang.

Joan kreeg een brok in haar keel toen ze de hele lijst voorlas en ik stelde voor om het ons project te maken, om dat gevoel terug te vinden.

En dus gingen we samen het avontuur aan en wijdde Joan zich opnieuw aan het opbouwen van een Leuk Bedrijf dat nog jaren zal bloeien.

De eerste stap op het pad voor Joan was om de fundatie te leggen waarop haar Leuke Bedrijf gebouwd kon worden en dat is waar de eerste 3 Geboden over gaan.

Volgende Stappen

Zoals ik zei in de inleiding is er een speciaal Tien Geboden voor Plezier werkboek verkrijgbaar op de Tien Geboden website. Je kan ook je eigen werkboek creëren met behulp van een leeg notitieboek of word document.

Elk hoofdstuk heeft een Volgende Stappen sectie zoals deze. Om het meeste uit dit boek te halen, raad ik je ten zeerste aan om gebruik te maken van een apart notitieboek of een sectie op je tablet, met de bedoeling door de hoofdstukken van dit boek te werken.

 Elk hoofdstuk bevat ook een korte video die je meer inzicht geeft in het Gebod. Je zal een QR code vinden zoals deze en een directe link in elk hoofdstuk van de "Volgende stappen" secties. De link voor deze QR code is www.thetentruths.com.au/tttf/premise/

Ik heb de 'Volgende Stappen' zo klein mogelijk gemaakt, want ik geloof in het nemen van veel kleine stappen in plaats van één of twee grote passen, want de grote passen falen vaak. Zo, juist zoals Joan heeft gedaan, zet een extra uurtje opzij per week om de 'Volgende Stappen' secties van elk hoofdstuk door te werken in je eigen notitieboek of het

Tien Geboden werkboek van de website. Het zal een enorm verschil maken in je leven en je bedrijf.

Om te beginnen, in je eigen werkboek beantwoord de volgende vragen en doe de volgende acties:

1. Maak een lijst van de 20 meest leuke ervaringen die je had in je bedrijf sinds je bent opgestart.

2. Schrijf de 3 items op dat je het leukste vind van je bedrijf

3. Schrijf de 3 items die je het minst leuke vind van je bedrijf.

Hulpbronnen

De bronnen zijn ook beschikbaar op de video pagina hier: www.thetentruths.com.au/tttf/premise en van tijd tot tijd zullen er meer bronnen worden toegevoegd:

- Conscious capitalism: http://tiny.cc/johnmackey

- Video van Roland Hanekroot die
  verteld over plezier in zaken doen.
  http://thetentruths.com.au/tttf

- Jonathan Fields, 'Don't Build a Business,
  Create a Life' http://tiny.cc/jfields

- Simon Sinek, 'Love Your Work'
  http://tiny.cc/simonsinek

Onthoud

Een bedrijf dan niet leuk is zal er niet lang zijn.

GEBOD 1

De Basis
Geboden: De Beste zijn

Een leuk bedrijf heeft als doel het beste ter wereld te zijn in 'iets'

Een Leuk Bedrijf heeft veel met egels te maken

Eén van de beste bedrijfsmanagement boeken van de laatste 20 jaar is *Good to Great*, geschreven door Jim Collins. Het boek is het resultaat van een onderzoeksproject dat de vraag stelt, 'hoe kunnen gemiddelde bedrijven veranderen in grote bloeiende bedrijven?'

Jim Collins schrijft over de grote bedrijven van de wereld, maar een aantal van de conclusies die hij in *Good to Great* trekt vertalen zich ook naar de wereld van kleine ondernemingen.

In het bijzonder heb ik bij klanten, vrienden, collega's en in mijn eigen bedrijf keer op keer gezien dat Jim Collins's 'Egel Principes', de absolute basis zijn waarop je een Leuk Bedrijf bouwt... een bedrijf dat voor jaren zal bloeien.

Ik ga je niet in detail vertellen waarom Jim Collins het over egels gaat, alleen dat het gaat over eenvoud en vastberadenheid. Een egel doet vooral één ding echt goed om te overleven en dat is zichzelf oprollen in een perfect gevormde spijkerbal wanneer er gevaar dreigt, en ze blijft dit keer op keer doen, op exact dezelfde wijze.

De Egel Principes geven aan dat een duurzaam succesvol bedrijf heel duidelijk antwoordt heeft op drie vragen, en zoals de egel nooit afwijkt van haar vastberadenheid. Veel bedrijven kunnen slechts één van de drie vragen beantwoorden, sommigen twee van de drie en maar heel weinig alle drie. Duurzaam succes, is absoluut afhankelijk van de duidelijkheid over alle drie de vragen. De drie vragen leiden tot de Basis Geboden waarop een Leuk Bedrijf gebouwd is dat nog vele jaren zal bloeien.

- Het eerste Basis Gebod is *Een Leuk Bedrijf streeft ernaar de beste te zijn in 'iets'*

- Het tweede Basis Gebod is: *Een Leuk Bedrijf is gepassioneerd over dat 'iets'.*

- Het derde Basis Gebod is: *Een Leuk Bedrijf maakt duurzame winsten van dat 'iets'*

De volgende drie hoofdstukken verduidelijken elk van de drie Basis Geboden.Hier is de eerste.

De eerste Egel vraag

Iemand moet de beste zijn in iets…
Waarom zou jij dat niet zijn?

De eerste van de drie vragen is het volgende: waarin kunnen we de beste zijn?

Dit is natuurlijk een grote vraag, maar daar moet het beginpunt liggen. Wat zijn jij en je bedrijf bereid naar te streven om de beste ter wereld in te zijn, dag in dag uit, zonder falen?

In de 21ste eeuw is het simpelweg niet meer genoeg om die vraag te beantwoorden zoals de meeste bedrijfseigenaars doen, door te zeggen dat ze je een goede klantendienst aanbieden en dat je prijzen goed zijn of dat je producten en diensten van goede kwaliteit zijn. Al je concurrenten zeggen exact hetzelfde (ik heb nog nooit een bedrijfseigenaar gesproken die zegt gemiddelde klantendiensten aan te bieden, met een gemiddeld product, voor een gemiddelde prijs) en als jij en je concurrent exact hetzelfde aanbieden, kan één van jullie evengoed zijn deur sluiten. Dus in wat ben jij vastberaden om beter te zijn dan al de anderen?

ROEP HET VAN DE DAKEN

Klanten willen weten wat jou onderscheid van alle anderen. Klanten zullen die vraag altijd zelf beantwoorden voor ze

"Vertrouw mij... er is niemand beter"

beslissen van jou of van iemand anders te kopen. Als je geen absolute duidelijkheid hebt omtrent de eerste Egel vraag en dat zo overbrengt naar je klanten, dan laat je het aan hen over om te beslissen wat jou en je concurrenten van elkaar onderscheiden. Ik kan je garanderen dat het jou bedrijf zal veranderen wanneer je ervoor zorgt dat jij die antwoorden aan je klanten geeft en hen duidelijk maakt dat jij de beste bent.

Nog een kleine toelichting over dit deel: ' de beste zijn ter wereld'. Veel bedrijfseigenaars vertellen me dat het niet reëel is om bijvoorbeeld 'de beste loodgieter ter wereld te zijn' de wereld is immers zo groot, en hun loodgietersbedrijf is enkel actief in Amsterdam Noord of in Utrecht, of het is een fietsenwinkel in Nijmegen. Wie zegt dat er geen buitengewoon loodgietersbedrijf in New York is of Parijs of Timboektoe, dat beter is dan dat van jou. En bovendien, zeggen ze, hoe kan je zoiets wereldwijd vergelijken, als je enkel maar in een klein gebied werkt?

STREVEN NAAR

Hierover wil ik 2 dingen zeggen:

1. Het Gebod en de vraag gaan over de intentie om te 'streven naar iets'. Je kunt best streven naar de beste loodgieter ter wereld te zijn, zelfs als je niet zeker kan zijn dat je het daadwerkelijk bent.

2. Voor kleine bedrijven zou je in plaats van 'de wereld', 'jouw wereld' kunnen gebruiken, dus bijvoorbeeld als jou bedrijf is gevestigd in een enkele stad of buitenwijk, dan bedoelen we met 'de wereld' eigenlijk 'jouw wereld'. In het voorbeeld van de loodgieter, zou hij dan kunnen zeggen de beste te zijn in Amsterdam Noord.

De andere kwestie die we moeten bekijken, is wat 'de beste zijn' eigenlijk betekent. Ik denk dat voor een klein bedrijf 'de beste' zijn zich beperkt tot een specifieker onderdeel. Als we het voorbeeld van de loodgieter gebruiken, dan is de term 'de beste' loodgieter waarschijnlijk niet specifiek genoeg om zinvol te zijn.

De loodgieter zou zich kunnen richten op een specifiek onderdeel van zijn beroep. Hij zou zich kunnen concentreren op de beste loodgieter te zijn in noodgevallen zoals bijvoorbeeld gebarsten leidingen, verstopte leidingen, etc.

Een van mijn klanten, die eigenaar is van een supermarkt keten en naar wie ik verwijs in één van mijn vorige boeken, heeft het label 'beste ter wereld' te zijn wat betreft 'de beste kleine supermarkt in Sydney'... nauwkeurig afgelijnd binnen een bepaald gebied en binnen een specifieke specialiteit.

Vastberaden zijn om 'de beste ter wereld' te zijn in iets, is zonder twijfel de eerste stap in het bouwen van een Leuk Bedrijf dat nog jaren zal bloeien... Dat beloof ik jou.

De avonturen van Joan in het MKB

Waarin Joan wordt geconfronteerd met enkele moeilijke vragen en waarin ze start met het leggen van de fundatie van een Leuk Bedrijf dat nog jaren zal bloeien.

Toen Joan en ik van start gingen met het bouwen van haar Leuke Bedrijf, heb ik haar uitgelegd dat er drie verschillende stadia zijn in het opbouwproces:

1. De fundatie leggen

2. Het huis bouwen op die fundatie

3. De lichten aandoen.

Daarna heb ik haar uitgelegd dat de fundatie waarop je een Leuk Bedrijf bouwt, bestaan uit de antwoorden op drie vragen:

1. In wat wil jij jouw bedrijf het beste maken?

2. Wat maakt jou het meeste enthousiast in zaken doen?

3. Hoe maak je een betrouwbaar winstgevend bedrijfsmodel rond die eerste twee vragen?

Joan werd vooral geconfronteerd met de eerste vraag en zei, "de beste ter wereld?" Dat is een grote vraag. Ik bedoel, hoe kan ik zeggen dat ik de beste ter wereld ben? Er zijn duizenden andere bedrijven net zoals het mijne, en veel

groter en succesvoller en sommigen bestaan misschien al 100 jaar. En bovendien, hoe kan ik mij vergelijken met al die anderen? Zeggen dat je 'de beste ter wereld' bent in iets, is een klein beetje overdreven, nietwaar?"

Ik zei tegen Joan dat:

1. 'De wereld' verwijst naar de wereld waarin jij en je klanten leven. Als jouw wereld een deelgemeente is van een stad dan is die deelgemeente de grens van de wereld waarin jij wilt uitblinken.

2. Je klanten willen zaken doen met het bedrijf dat hen met zekerheid iets kan bieden dat beter is dan elk ander bedrijf, je kan hier dus maar beter gebruik van maken.

3. 'Beste' kan, zoals wel vaker, naar iets helemaal anders verwijzen dan naar de basisvaardigheid van je bedrijf. 'Beste' verwijst niet noodzakelijk naar ontwerpen.

4. Als laatste, vastberadenheid gaat over het streven naar de beste te zijn, niet daadwerkelijk de beste te zijn.

En zo begonnen Joan en ik aan onze zoektocht naar antwoorden op deze drie vragen. In hoofdstuk 3 zien we hoe Joan de antwoorden vond op de eerste twee vragen.

Volgende Stappen

Hier is de link naar de video dat met dit hoofdstuk samengaat: <u>www.thetentruths.com.au/tttf/1best</u>

Het is nu tijd om je werkboek boven te halen zodat we wat voorbereidend werk kunnen doen op weg naar het beantwoorden van de drie Egel vragen.

1. Beschrijf in niet meer dan één paragraaf hoe 'jouw wereld' eruitziet. Is jouw wereld de hele wereld, of een deelgemeente? Misschien is jouw wereld niet zo zeer geografisch beperkt, maar wel door een bepaald type persoon, of door een omstandigheid; bijvoorbeeld, jouw wereld beperkt zich tot zelfvoorzienende gepensioneerde alleenstaande vrouwen in de Randstad.

2. Maak een lijst van alle producten en diensten die jouw bedrijf verkoopt aan de consumenten (niet noodzakelijk elk individueel product; in het geval van een supermarkt maak je een lijst van vers eten, specerijen en dagelijkse benodigdheden).

3. Maak een lijst van de vijf meest
    belangrijke voordelen die consumenten
    krijgen indien ze bij jou kopen.

4. Wat denk jij dat het grootste ongemak is dat
    jouw bedrijf wegneemt bij de consument?

5. Maak een lijst van de drie belangrijkste redenen
    waarom klanten bij jou terug komen.

Hulpbronnen

De hulpbronnen zijn ook beschikbaar op deze video pagina: www.thetentruths.com.au/tttf/1best meer hulpbronnen zullen van tijd tot tijd worden toegevoegd:

- Jim Collins, *Good to Great* summary:
  http://tiny.cc/jimcollins1

- Jim Collins summary video
  http://tiny.cc/jimcollins2

Onthoud

Klanten willen weten wat er voor hen inzit.

GEBOD 2

De Basis
Geboden: Passie

Een Leuk Bedrijf is gepassioneerd over dat 'iets'

DE TWEEDE EGEL VRAAG

Zonder passie is er geen bedrijf

Klanten willen zien waar jij om geeft

De tweede van de drie vragen in het Egel Principe is: waar gaan we hartstochtelijk voor, waarvoor springen we opgewekt uit bed, jaar in jaar uit?

Vele andere auteurs hebben over het belang van deze vraag geschreven. Ik verwijs naar een aantal van hen in de hulpbronnen sectie van dit onderwerp; maar één van men favoriete schrijvers over dit onderwerp is Simon Sinek, die een boek schreef genaamd *It All Starts With Why* waarin hij de mantra "mensen kopen niet wat jij doet, maar waarom je het doet" uitlegt.

Roy Spence, een andere bedrijfsgoeroe en het brein achter marketing campagnes van enkele van de grootste merken ter wereld, zoals Starbucks, Southwest Airlines en BMW, heeft ook een boek geschreven waarvan de titel alles zegt: *It's Not What You Sell, It's What You Stand For*.

Er is geen twijfel over dat er een belangrijke waarheid schuilt in deze twee uitspraken. Mensen willen weten waarvoor je staat, wat je waarden en overtuigingen zijn. Ze willen weten wat voor jou belangrijk is en het is deze wetenschap die hen helpt te beslissen om zaken met jou doen, in plaats van met je concurrenten, meer dan wat dan ook.

Ik ken een elektricien die gepassioneerd is over veiligheid en die letterlijk niet kan slapen 's nachts als hij niet volledig zeker is dat zijn klanten veilig slapen en dat er geen risico op brand is of andere mogelijke gevaren. Dit is zo belangrijk voor hem dat zijn personeel zijn passie heeft overgenomen en het tot uiting komt in alles wat het bedrijf doet en hoe het zichzelf verkoopt. Klanten zien zijn passie in alles wat hij zegt en doet en in de houding van zijn personeel. Met als resultaat, dat klanten het bedrijf vertrouwen en ze er zaken mee willen doen.

Je kan gepassioneerd zijn over heel veel verschillende dingen die verband houden met je bedrijf. Je passie moeten natuurlijk ook betrekking hebben op de behoeftes van je klanten. Je mag dan misschien gepassioneerd zijn over Zuid Amerikaanse kikkers, maar dat gaat je niet helpen om de brillen van jouw brillen winkel te verkopen.

Aan de andere kant, je passie over mensen doen lachen, of een trendsetter zijn, of punctueel, of kwaliteit, of mensen helpen hun dromen waar te maken, of relaties opbouwen, of hun leven verbeteren; dit zijn passies die duidelijk in verband kunnen gebracht worden met jou bedrijf, en klanten zullen 'begrijpen' waarom ze met jou zaken willen doen.

Het punt is dat je jezelf eerlijk de vraag moet stellen wat jou voortdrijft in je bedrijf, wat haalt je 's morgens uit bed en hoe vertaalt dat zich in wat je bedrijf doet.

Bijvoorbeeld, de loodgieter waar ik eerder over sprak, zal misschien gepassioneerd zijn over stiptheid, want hij weet hoe frustrerend en dis-respectvol het is als mensen hem doen wachten. Hij zou dus tot deze verklaring kunnen komen met betrekking tot de eerste twee Egel vragen:

> **Wij zijn de beste loodgieters in Amsterdam Noord en wij komen op tijd of het is gratis.**

Wat het ook wordt voor jou en je bedrijf, je moet die duidelijkheid hebben, want als je niet om je bedrijf geeft, zullen je klanten dat zeker niet doen.

Oh ja, en laat mij je een hint geven: je passie voor geld maken is geen antwoord op deze vraag. Je klanten zijn niet geïnteresseerd in je passie om geld te maken, spijtig. Ze zijn blij voor je als je veel geld verdient, maar enkel als je hen eerst geeft wat zij nodig hebben.

We praten meer hierover in de volgende Gebod.

Als je passie en je bedrijfsdoel gelijklopen, zal je het veel makkelijker vinden om de volgende stappen te maken in het

bouwen van een Leuk Bedrijf dat nog jaren zal bloeien...
Dat beloof ik jou

De avonturen van Joan in het MKB

Waarin Joan naar haar sterktes en passies zoekt
en haar enthousiasme steeds groter wordt.

Het eerste wat Joan en ik deden, was duidelijkheid creëren
in wat voor haar de belangrijkste waarden, overtuigingen en
passies waren. Joan doorliep een serie van simpele oefeningen
die leidde tot haar top vijf persoonlijke waarden:

1. Familie
2. Kalmte
3. Creativiteit
4. Schoonheid
5. Gezond leven

Van deze lijst selecteerde ze de drie meest belangrijke
bedrijfswaarden voor haar zaak:

1. Kalmte
2. Creativiteit
3. Schoonheid

Wat haar aan werk gerelateerde passies betrof, vertelde Joan
me hoe enthousiast ze wordt over het ontwerpen en maken
van websites die er niet alleen fantastisch uitzien met een
echte 'wow' factor, maar die ook krachtige commerciële
werktuigen zijn voor haar klanten.

Schoonheid, Creativiteit, Kalmte

Die conversatie bracht ons naar de volgende geloofsverklaring:

"Wij geloven dat we websites kunnen maken die er fantastisch uitzien en tegelijkertijd ook geld opbrengen voor onze klanten."

Uiteindelijk was het tijd om de volgende Basis vraag aan te pakken en Joan was duidelijk in wat ze wilde voor haar bedrijf:

1. Joan's Web-Central maakt websites die het perfecte evenwicht vinden tussen schoonheid en winst.

2.   Wij houden van het creëren van schoonheid
in een commerciële omgeving.

Wanneer Joan deze 2 laatste verklaringen maakte, kon ik duidelijk een licht zien branden in haar hoofd. Ze kon amper stil zitten. Zoveel vragen waarmee ze de laatste 2 jaar worstelde, waren opeens opgelost. Het werd duidelijk voor Joan hoe ze haar zaak wilde verkopen, met welke klanten ze wilde werken, welk personeel ze wilde, hoe haar werk te waarderen, hoe haar eigen website er moest uitzien, etc.

Joan's enthousiasme was tastbaar en ze wou het direct aan de wereld vertellen, maar vooral haar personeel.

Ik heb haar nog wel even moeten tegenhouden, want we hadden het derde Basis Gebod nog niet onder handen genomen, het winstgevende bedrijfsplan.

Hoe we dit hebben aangepakt, vind je in het volgende hoofdstuk.

Volgende Stappen

Hier is de link voor de video die samengaat met dit hoofdstuk: www.thetentruths.com. au/tttf/2passion

Haal je werkboek terug boven en laten we, net zoals Joan, werken aan onze waarden en overtuigingen met betrekking tot jouw bedrijf. Neem een voorbeeld aan Joan.

1. Neem een kijkje onderaan bij de hulpbronnen en download de 'Waarden en Overtuigingen' (Values and Beliefs) vragenlijst

2. Neem 15 tot 20 minuten en vul het werkblad van de waarden in.

3. Welke van jouw persoonlijke waarden zijn belangrijk bij het runnen van jouw bedrijf, en hoe deze betrekking hebben op jouw klanten en hun behoeftes.

4. Noteer in je werkboek welke overtuigingen je zelf hebt aangaande je bedrijf, je industrietak, je klanten en hun verwachtingen en behoeftes.

5. Brainstorm over de antwoorden op de twee Egel vragen. Je zal misschien niet meteen precies het juiste statement kunnen neerschrijven, maar dat is normaal. Experimenteer een beetje met verschillende zinnen en vraag ook wat feedback van iemand anders. Begin er gewoon aan, vandaag nog.

Hulpbronnen

De hulpbronnen zijn ook beschikbaar op deze video pagina: www.thetentruths.com.au/tttf/2passion meer hulpbronnen zullen van tijd tot tijd worden toegevoegd:

- 'Normen en Waarden' questionnaire:
  http://tiny.cc/passionpurpose

- Chip Conley's TED speech:
  http://tiny.cc/chipconley

- Ken Blanchard over Visie:
  http://tiny.cc/kenblanchard

Onthoud

Het is niet wat je verkoopt,
het is waar je voor staat.

GEBOD 3

The Basis
Geboden: Winst

Een Leuk Bedrijf maakt duurzame
winsten uit dat 'iets'

De derde Egel vraag

Geld is de levensader van het bedrijf

Het derde basis Gebod en de derde van de drie Egel vragen gaat over geld, winst, bedrijfsmodel en duurzaamheid.

De vraag is: hoe kunnen we een duurzaam economisch bedrijfsmodel maken aan de hand van de antwoorden op vraag één en twee.

Deze vraag is voor veel bedrijven ingewikkelder dan het lijkt en veel bedrijven nemen ook nooit de tijd om hier bij stil te staan.

Laten we eerst eens kijken naar de verschillende onderdelen van dit Gebod.

Drie onderdelen

Het Gebod bestaat uit drie onderdelen. We werken van achteren naar voren, zodat het eerste onderdeel waar we naar kijken het 'iets' is. Dit is het antwoord op vraag 1 en 2. Dat we gepassioneerd zijn over iets en hierin de beste zijn, is geen garantie voor een succesvol bedrijf. Zoals een klant van mij ooit zei, "De markt voor koets zwepen is gewoonweg niet zo groot meer."

In het geval van de loodgieter in Amsterdam Noord lijkt de situatie misschien wel duidelijk, maar heeft hij eigenlijk wel een idee of er genoeg werk is voor een onderhouds- bedrijf. Een probleem kan bijvoorbeeld zijn dat bij dit soort werk het 'alles of niets' is. Het ene moment heb je niets en het

volgende moment heb je meer werk dan je aankunt. Hij zou dus, denkend over zijn bedrijfsmodel, tot de vaststelling kunnen komen dat hij beter met een klein team kan werken en daarnaast contacten onderhoudt met andere loodgieters uit de buurt aan wie hij werk kan uitbesteden als het drukker wordt.

Hij zou ook kunnen vaststellen dat hij zijn geografisch werkgebied zal moeten uitbreiden om genoeg werk te hebben. Of hij zou kunnen beslissen om een extra service aan te bieden, zoals bijvoorbeeld het vervangen van CV ketels in noodgevallen. Deze vraag heeft als gevolg dat hij verschillende richtingen uit kan.

TWEEDE ONDERDEEL

Het tweede onderdeel van deze vraag gaat over winst, over geld verdienen. Een bedrijf moet immers geld opbrengen. Dat is een simpel feit. Een bedrijf dat geen geld opbrengt, zal niet blijven bestaan. Hoeveel geld een bedrijf moet opbrengen is een ingewikkelde vraag om te beantwoorden en wordt vaak verward met de geldstroom, wat totaal iets anders is dan winst (meer hierover later).

Veel kleine ondernemers verwarren ook vaak hun eigen 'afrekeningen' of salarissen met de winstgevendheid van het bedrijf.

Eerst en vooral zal je bedrijf jou waarschijnlijk moeten voorzien in je financiële behoeften, tenzij het een bijberoep of een beheerd fonds is (maar zelfs in dit geval is het verstandig om een soort 'loon' uitbetaald te krijgen). Dus wat betreft het onderdeel winst van het Gebod, raad ik je aan om zowel jouw vergoeding als algemeen directeur of manager als de vergoeding voor het manus-van-alles te zijn, te scheiden van de winst van het bedrijf.

RENDEMENT OP INVESTERINGEN

Een bedrijf moet ook een bepaalde winst maken als rendement op investeringen van de aandeelhouders… de investeerders. Dit kan enkel jij zijn, de eigenaar, maar als jij of andere investeerders geld in het bedrijf hebben gestoken in de vorm van een echte investering of in de vorm van tijd (in de zakenwereld heet dit sweat equity) dan moet daar iets voor in de plaats komen.

Bijvoorbeeld, je investeert $200,000 of een gelijkwaardige hoeveelheid tijd. Je had dit geld op een spaarboekje kunnen zetten en elk jaar $10,000 rente kunnen ontvangen (vijf procent). Je geld op de bank zetten is heel wat veiliger dan je geld in je eigen bedrijf investeren (laten we eerlijk zijn) dus is het redelijke redenering dat het rendement van je bedrijf hoger moet zijn dan die van je spaarboekje.

GELD OM TE GROEIEN

Een bedrijf moet ook over kapitaal beschikken om te kunnen groeien, contant geld. (Verwar contant geld trouwens niet met winst. Winst kan wel op je winst- en verliesrekening te zien zijn, maar niet op je bankrekening. Contant geld is wat je kan gebruiken om eigen rekeningen te betalen; zie het voorbeeld verder op over betalingsvoorwaarden). Veel kleine ondernemers begrijpen het verschil tussen contant geld en winst niet echt en ook niet waarom ze eerder contant geld dan winst nodig hebben om te kunnen groeien. Dit boek is niet het juiste forum om hierover verder in veel detail te treden, maar vooral wanneer bedrijven zich in een groeifase bevinden, zal er veel geld nodig zijn en de beste manier om dit op te lossen is door winst te maken.

Het simpelste voorbeeld om dit te illustreren zijn de 'betalingsvoorwaarden'. Als een groot deel van het inkomen van een bedrijf afkomstig is van klanten die pas 30 dagen of langer na het eind van de maand hoeven te betalen, dan zal er altijd een beduidende hoeveelheid achterstallig geld moeten worden ontvangen ... En hoe sneller het bedrijf groeit, hoe groter dit uitstaande bedrag wordt en dus heeft het groeiende bedrijf meer geld nodig om uitgaven te kunnen betalen.

DERDE ONDERDEEL

Het derde onderdeel van het Gebod is duurzaamheid. Niet het soort duurzaamheid waar milieu organisaties het over hebben (alhoewel milieuvriendelijk ondernemen zonder meer een goed idee is), maar wel het vermogen van je bedrijf om elk jaar opnieuw winst en geldstroom te produceren. Met andere woorden, als je niet stil staat bij de duurzaamheid van je bedrijfsmodel, zou het wel eens snel voorbij kunnen zijn.

In het geval van onze loodgieter, stel hij haalt een contract binnen met een groot beheer bedrijf om al het loodgieters onderhouds- werk aan hun gebouwen in Amsterdam uit te voeren. Opeens ziet onze enthousiaste loodgieter zijn zaak verdriedubbelen en hij heeft nu 7 werknemers en vier busjes in zijn wagenpark. Hij heeft zijn opbrengst verdrievoudigd, en nog met een goede marge ook, mooi zo, zolang hij iedereen maar tevreden houdt en goed werk levert. Het geluk kan niet op.

Maar, zijn bedrijf is nu plots voor 75 procent van de opbrengst afhankelijk van één klant. En hoewel dit een goede zaak lijkt, zorgt dit ervoor dat het bedrijf kwetsbaar is en blootgesteld wordt aan enorme risico's. Het onderhoudsbedrijf zou failliet kunnen gaan of hem vervangen door een andere loodgieter of het bedrijf kan beslissen met aanbestedingen te werken volgend jaar. Of een werknemer doet iets verkeerd en het contract wordt beëindigd. Onze loodgieter zou zomaar van het ene moment op het andere het merendeel van zijn opbrengst kunnen verliezen.

KWETSBAARHEID DOOR GROEI

Pech gehad, zeg je nu, hij kan toch altijd teruggaan naar zijn vorige situatie, alleen hijzelf en zijn leerling? Maar dat is nu net het probleem... dat kan niet meer. Of het zal in ieder geval niet eenvoudig zijn, hij is nu plotseling gebonden aan een heleboel vaste kosten. Om aan het contract te kunnen voldoen, heeft hij een werkruimte en drie busjes geleased en een hoop geld geïnvesteerd in materiaal. Hij heeft nu ook een secretaresse en zes loodgieters in dienst die elke week betaald moeten worden. Deze kosten kan hij niet zomaar schrappen. Veel kleine bedrijven gaan in precies deze situatie failliet.

Een duurzaam bedrijfsmodel voor een Leuk bedrijf moet rekening houden met dit soort risico's. Een vuist regel is om ervoor te zorgen dat je bedrijf voor niet meer dan 10 procent van zijn opbrengst afhankelijk is van één klant.

Tot slot, de laatste reden waarom een bedrijf winst moet maken:

Geld verdienen is Plezierig.

Het is gewoon leuk om geld te verdienen en je rekening te zien groeien.

Als je duurzame winst maakt door iets te doen waarover je gepassioneerd bent en vastberaden bent om er de beste in te zijn, zal alles op zijn plaats vallen om een Leuk Bedrijf te bouwen dat nog jaren zal bloeien... Dat beloof ik jou.

(En als je niet van plan bent om Plezier te hebben in Zaken doen, is het misschien tijd om naar een andere job te zoeken.)

De avonturen van Joan in het MKB

Waarin Joan uitwerkt hoe ze duurzame
winst kan maken van haar doel en passie

Het derde en laatste Foundation Gebod gaat over het bedrijfsmodel:

Hoe maken we duurzame winst van de eerste twee Geboden?

Joan en haar vier werknemers nemen verschillende design- en web ontwikkelingsprojecten aan van allerlei verschillende klanten.

Sommige projecten zijn winstgevend, anderen wat minder.

Zaken gaan op en neer voor Joan en haar team.

Ik vroeg Joan om een gedetailleerde analyse te maken van het werk dat het meest winstgevend was en het minst en wat voor soort klanten winstgevend waren en welke niet.

Het resultaat van die analyse gaf duidelijk aan dat logo design en re-branding contracten voor kleine bedrijven bijna altijd onrendabel zijn. Het werk duurde vaak langer dan begroot. Joan was echter niet verrast door dit resultaat, ze had al een tijdje dit vermoeden. Wat Joan echter niet had verwacht, was dat ook design contracten voor marketingmateriaal (brochures, flyers, folders, naamkaarten etc.) bijna altijd even onrendabel waren. Zelfs projecten die per uur betaald werden, waren meestal verlieslatend (waarschijnlijk omdat er te weinig uren van het werk daadwerkelijk werden ingeboekt).

De contracten die wel elke maand de rekeningen betaalden, waren vooral van kleine vennootschappen, bedrijven met 50 tot 200 werknemers, in de professionele en financiële sector en detailhandel, waar contracten werden afgesloten voor een vaste prijs met duidelijke richtlijnen en omvang van het werk. Tot slot werd door de analyse duidelijk dat het meest winstgevende werk bijna altijd web gerelateerd was.

Het resultaat was duidelijk voor Joan en dit is wat ze besliste te doen:

1. Vanaf nu zou het bedrijf nieuwe klanten en contracten weigeren als het project geen beduidend web gerelateerd onderdeel heeft.

2. Indien mogelijk zouden contracten op basis van een vaste prijs worden getekend, met genoeg tijd inbegrepen voor duidelijke gedetailleerde specificaties.

3.   Alle klantenwerving zou voortaan gericht
     zijn op kleine vennootschappen met
     ongeveer 50 tot 200 werknemers.

Joan besliste ook om een duidelijk prijsmodel op te stellen
voor haar bedrijf en stelde duidelijke doelstellingen rond
'factureren' voor haar personeel. Met andere woorden, het
aantal uren, waarnaar elk personeelslid dient te streven, die
wekelijks gefactureerd moeten worden.

Aan het eind van deze klus was Joan geïnspireerd en wou
ze opnieuw zo snel mogelijk haar bevindingen en plannen
aan haar personeel vertellen. Opnieuw hield ik haar tegen,
op zijn minst tot we de volgende stap hadden genomen:
duidelijke en krachtige doelstellingen bepalen voor Joan's
Web-Central.

Dit lees je in het volgende hoofdstuk.

Volgende Stappen

Hier is de bijbehorende videolink van dit hoofdstuk: www.thetentruths.com.au/tttf/3profit

Tijd weer om je werkboek erbij te halen en net als Joan gaan we ons volledig richten op jouw duurzaam winstgevend bedrijfsmodel.

1. Nu je meer duidelijk hebt over de eerste twee Egel vragen, ga eens een kijkje nemen naar de oefeningen die je reeds hebt gedaan op het einde van hoofdstuk 2 en naar de lijst van al je producten en klanten. De vraag is nu: waar verdien je het meeste geld mee en waar verlies je het meeste geld mee? In een ideale wereld zal je boekhoud programma je dit vertellen, maar bij het ontbreken van zo'n systeem zal je een zo goed mogelijke inschatting moeten maken. Identificeer de top drie en de laagste drie gebieden.

2. Welke conclusie trek je uit deze vraag? Op welke manier kan je best duurzame opbrengsten maken door de beste te zijn in iets waar je gepassioneerd door bent?

3. Welke eerste stappen kan je de komende weken zetten om je bedrijf te focussen op de drie Egel vragen? (Onthoud, Rome was ook niet op één dag gebouwd, kleine stappen, stap voor stap.)

Hulpbronnen

De hulpbronnen zijn ook beschikbaar op deze video pagina: www.thetentruths.com.au/tttf/3profit meer hulpbronnen zullen van tijd tot tijd worden toegevoegd:

- Inc magazine: http://tiny.cc/inccashflow

- Artikel: http://tiny.cc/rolandprofit over het verschil tussen geld en winst door Roland Hanekroot.

- Artikel in The Times of London: http://tiny.cc/timesprofit

- Fantastische blog "Ask Will Online": http://tiny.cc/askwill

Onthoud

**Een bedrijf dat geen winst
en geld opbrengt, is een hobby.**

GEBOD 4

De Management Geboden: Doelen

Een Leuk Bedrijf heeft flexibele korte, middel-en lange termijn doelen

Weten we waar we heen gaan?

Als je niet weet waar je heen gaat,
eindig je ergens anders.

Er zijn vijf Management Geboden om een Leuk Bedrijf te bouwen dat nog jaren zal bloeien.

De Management Geboden gaan allemaal over hoe we concreet een Leuk Bedrijf opbouwen zoals we gedefinieerd hebben in het Uitgangspunt, gebaseerd op de basispijlers van Geboden 1, 2 en 3.

Gebod 4 gaat over doelen en doelen opstellen. Gebod 5 gaat over de mensen betrekken in het bedrijf, Gebod 6 gaat over planning, Gebod 7 gaat over het ritme van zaken doen en Gebod 8 gaat over meten.

Doelen

De bedrijfswereld is vol van clichés en sport analogieën en waarschijnlijk zijn er meer clichés bedacht over doelen en het opstellen van doelen dan over enig ander onderwerp.

Ik zal hier niet verder op in gaan, omdat ik zeker ben dat ik jullie niet meer hoef te overtuigen over doelstellingen maken. Iedereen die dit leest, zal waarschijnlijk aan het knikken zijn en tegen zichzelf zeggen, "Ja, ik weet dat doelen opstellen een goed idee is" en ik ga die vaststelling ook zeker niet in twijfel trekken. Duidelijke doelen hebben, helpt je je mensen te engageren en je helpt je met beslissingen maken.

Verder geloof ik niet dat zonder effectieve doelstelling je bedrijf Leuk zal worden. Als je wilt dat je bedrijf haar beloftes waarmaakt, kan dit alleen als je duidelijke doelen hebt voor je bedrijf, jezelf en je mensen en moet je je focussen op het bereiken van deze doelen.

Maar desondanks 'zijn' de meeste mensen niet consequent met het maken van doelen en de meeste doelen die gesteld worden, worden niet bereikt of hebben geen invloed op het bedrijf.

Daar zijn een aantal redenen voor en de eerste reden is dat doelen opstellen eigenlijk verrassend moeilijk is. En als je niet start met een goed ontworpen doel of een serie van doelen heb je weinig hoop dat je deze ook zal waarmaken.

Er is een formule voor het creëren van doelen die wereldwijd geciteerd wordt, die heet SMART.

SMART staat voor:

- S specifiek

- M meetbaar (Zodat je weet wanneer je doel bereikt is en wanneer het nog niet bereikt is)

- A achievable (Ned: bereikbaar) (Is het ook echt haalbaar?)

- R relevant (Voor jou, niemand anders)

- T tijd gebonden (Het Doel moet bereikt worden binnen een bepaalde tijd).

Met andere woorden, opdat een doel een positieve werking heeft, moet het specifiek, meetbaar, haalbaar en relevant zijn en binnen een bepaalde tijd bereikt worden. Ik geloof echter dat we drie letters moeten toevoegen aan dit letterwoord, waardoor het verandert in een wat vreemd woord (SMARTSIP), maar waardoor de efficiëntie van de doelstructuur exponentieel stijgt. We hebben nog een 'S', een 'I' en een 'P' nodig:

- S strekken (Je kan jezelf hiernaar zien uitreiken)

- I inspirerend (Voor jou)

- P persoonlijk (Het gaat over je persoonlijke prestaties hier).

Er zijn hele bibliotheken met boeken geschreven over doelen opstellen en ik ga hierover dan ook niet verder in detail treden (neem eens een kijkje bij de bronnen op het einde van dit hoofdstuk). Het is voldoende te zeggen dat de truc van een goed doel is dat deze duidelijk voldoet aan bovenstaande criteria.

De laatste letter van het word SMARTSIP, de 'P', heeft wat bijkomende uitleg nodig. Veel mensen maken de fout om een specifiek doel te stellen over het bereiken van een bepaalde winst of bedrijfsopbrengst of een doel te stellen over iets kopen met de verhoogde opbrengst dat ze hebben verdiend (bijvoorbeeld een Porsche kopen). Dit soort doelen hebben zelden het gewenste effect om jou te motiveren tot inspirerende prestaties om 2 redenen:

1. Jouw onderbewuste heeft geen interesse in materiële zaken. Jouw onderbewustzijn geeft om andere dingen en zonder de betrokkenheid van jouw onderbewuste is er geen toename in motivatie en inspiratie.

2. Dat soort doelen is meestal willekeurig. Een doel stellen om $200,000 netto winst te maken in het volgend financiële jaar heeft geen impact op jouw psyche omdat op een onderbewust

niveau elk getal oninteressant is. In feite is er
voor jouw onderbewust geen verschil tussen het
verdienen van $100,000 of $ 200,000 winst.

Wat voor jou als persoon echt inspirerend, belonend
en motiverend is, is jouw persoonlijke ontwikkeling,
persoonlijke prestaties en groei. Het meest krachtige doel
dat je kan stellen, is een doel over wat jij persoonlijk wil
bereiken. Om even een sport analogie te gebruiken (waar ik
meestal een hekel aan heb, maar ik doe het toch), het meest
krachtige doel voor een Olympische zwemmer is niet het
winnen van een gouden medaille, maar het zwemmen van
een persoonlijke beste tijd.

Er zijn een massa andere factoren die een grote impact
hebben op de efficiëntie van het stellen en bereiken van
doelen in jouw bedrijf. Sommige van deze factoren hebben
te maken met het verzekeren van de betrokkenheid van je
mensen bij je doelen (zie Gebod 5) en sommige hebben te

"Waar heb je het nou over? De vijand heeft 100 tanks?
Onzin, daar hebben we geen plannen voor gemaakt hoor"

maken met verantwoordelijkheid (zie het bonus Gebod aan het einde van het boek).

GISSEN

Een andere grote factor die je moet overwegen bij het stellen van doelen is het feit dat de wereld elke dag verandert, met jou er in. Blijven vasthouden aan een eerder gesteld doel, zelfs nadat omstandigheden behoorlijk zijn veranderd, is geheel contraproductief. We moeten onthouden dat doelen stellen (evenzeer als plannen) inhoudt dat we veronderstellingen moeten maken... Gissen met andere woorden. We stellen een doel gebaseerd op wat we vandaag weten, maar morgen kan de wereld er compleet anders uitzien en ofwel is ons doel nu onhaalbaar of irrelevant of misschien zelfs wel te

eenvoudig. Doelen moeten constant aangepast worden aan nieuwe omstandigheden. Ik raad aan maandelijks kleine aanpassingen te maken, grote aanpassingen elke drie of 6 maanden en volledig nieuwe doelen elk jaar.

Als laatste, een belangrijke consideratie voor het efficiënt stellen en bereiken van je doel is de integratie van lange-termijn, middel- en korte termijn vooruitzichten in het proces. Het volgende proces werkt goed voor veel mensen.

De eerste stap is om op lange-termijn te denken, echt lange termijn, tussen de 10 en 25 jaar. Vraag jezelf: waar wil ik staan? Hoe wil ik dat mijn bedrijf en mijn leven eruitziet 10 tot 25 jaar vanaf nu?

In ideale omstandigheden kies je een datum die belangrijk is voor jou en richt je hierop je doel. Dit doel dient groot en visionair te zijn. In zijn boek Built to Last, heeft Jim Collins het over de BHAG of Big Hairy Audacious Goal (laten we het vertalen met Het Wilde Woeste Doel... Het WWD). Een van mijn klanten, George, heeft zijn WWD als volgt gevormd:

"Ik ben net 50 geworden en ik ben uitgegroeid tot een echte leider, mijn bedrijf maakt een omzet van $50 miljoen en is gevestigd in drie landen."

Dit is een perfect voorbeeld van een doel dat voldoet aan alle bovenstaande criteria van de SMARTSIP doel structuur.

Vanaf het moment dat je je WWD hebt gecreëerd, moet je die onderverdelen in een eerste stap van middellange termijn. Ideaal is een stap van twee tot vijf jaar, en indien mogelijk moet je aan deze stap ook een belangrijke datum koppelen. Ik noem deze eerste middellange termijn stap als het Streefdoel. Mijn klant George maakte deze stap gelijklopend met zijn 40ste verjaardag en het streefdoel was om zijn eerste internationaal kantoor te openen.

Uiteindelijk ontleed je die grote stap in een doel voor het eerste jaar. Waar moet je staan over een jaar om dat streefdoel in 3 jaar te bereiken?

George maakte zijn doel van het eerste jaar om volledig te stoppen met de 'handarbeid'. Met andere woorden, hij zou niet meer het 'werk van de zaak' verrichten, maar zich enkel focussen op het 'werk van de bedrijfseigenaar'.

Als je deze aanpak volgt om doelen te stellen, jezelf ervan verzekerd dat je doelen voldoende flexibel zijn en een lange, middellange en korte termijn aanpak integreert, dan heb je een grote stap gezet naar het bouwen van een Leuk Bedrijf dat nog jaren zal bloeien… Dat beloof ik jou.

De avonturen van Joan in het MKB

Waarin Joan Wild en Woest wordt en haar enthousiasme niet langer kan bedwingen.

Joan had het punt bereikt waar ze de fundatie had gelegd waarop haar Leuke Bedrijf gebouwd kon worden, een

bedrijf dat nog jaren zou bloeien. Ze moest nog één stap zetten voordat ze haar enthousiasme kon delen met haar team en de wereld.

Het was tijd om over doelen te praten. Ik stelde voor om een drie stappen aanpak te hanteren en eerst te kijken waar ze in de verre toekomst zou willen staan, iets in de orde van 10 tot 15 jaar.

We gingen op zoek naar Joan's Wilde Woeste Doel (Big Hairy Audacious Goal) en ze koos haar 45ste verjaardag (nog 11 jaar) als datum voor haar WWD.

De visie van Joan was:

We hebben een wereldwijd profiel:

"Het is mijn 45ste verjaardag. Mijn team van 15 mensen in Sydney en Londen hebben net de nieuwe Global website van Amnesty International afgeleverd. Mijn familie zit op de eerste rij terwijl ik de Keynote speech presenteer over ontwerp en functionaliteit op een Global ontwikkelaars conferentie in Engeland of in de Verenigde Staten. Het bedrijf heeft een omzet van $5 miljoen met een winst van 10 procent of beter.

Zowel Joan als ik waren razend enthousiast over dit doel en het voldeed zeker aan alle eisen van een fantastisch doel om haar en haar team te motiveren.

Om een WWD waar te kunnen maken, moet je deze splitsen in fases van middellange en korte termijn doelen. De volgende vraag was dus: als jouw WWD over je 45ste verjaardag gaat, waar moet je dan zijn binnen, laten we zeggen, drie jaar, om te weten of je op de goede weg bent?

Joan besliste dat om op weg te zijn naar haar WWD, haar drie-jarig streefdoel moest zijn:

Ons Australisch profiel gevestigd:

"Onze systemen en processen zijn klaar voor internationale uitbreiding. Tien werknemers, $2 miljoen omzet, 10 procent nettowinst. Het eerste belangrijke internationale web project is afgeleverd, en ik heb mijn boek geschreven."

Het drie-jarig streefdoel bepalen, leidde tot de vraag: wat moet ik dit jaar bereiken met het bedrijf om op het juiste spoor te blijven om mijn streefdoel te behalen?

Joan's doel voor dit eerste jaar was:

Alles loopt op rolletjes:

"Alle klanten geven meer dan $10000 per jaar uit; design contracten enkel voor het web, 6 werknemers, $75000 netto winst."

Nu begreep Joan waarom ik haar had tegen gehouden om haar enthousiasme te delen met haar team, omdat ze nu eindelijk een spannend en compleet beeld en visie had om te delen.

En dat is waar het ons in het volgende hoofdstuk om gaat: Joan's team en hoe ze haar team erbij betrok.

Volgende Stappen

Hier is de bijbehorende videolink van dit hoofdstuk: www.thetentruths.com.au/tttf/4goals

Haal je werkboek erbij en laten we net als Joan onze doelen eens bekijken.

1. Wat is een belangrijke datum voor jou, ergens tussen 10 en 25 jaar vanaf nu, waaraan je het Wilde Woeste Doel van je bedrijf wil koppelen?

2. Noteer hoe jij wil dat je bedrijf en je leven eruitziet tegen die datum… rekening houdend met de SMARTSIP structuur en de andere criteria voor efficiënte doelen.

3. Noteer nu je streefdoel: waar moet je binnen drie jaar staan om op weg te zijn naar het behalen van jouw WWD.

4. Tot slot, noteer je doel voor het komende jaar dat inhoudt dat je op weg bent naar je streefdoel en WWD bent (zoals bij de WWD, kan het gebruik van een belangrijke datum waaraan je je streefdoel en doel koppelt heel behulpzaam zijn).

Hulpbronnen

De hulpbronnen zijn ook beschikbaar op deze video pagina: www.thetentruths.com.au/tttf/4goals meer hulpbronnen zullen van tijd tot tijd worden toegevoegd:

- Doelen stellen met het GROW model: http://tiny.cc/growwikki

- De problemen en gevaren van doelen stellen Oliver Burkeman en waarom vaag zijn een goed idee is: http://tiny.cc/oliverburkeman

- De neuro-wetenschap van doelen stellen in Fastcompany door David Rock en Elliot Berkman: http://tiny.cc/davidrock

Onthoud

Doelen stellen gaat over de reis...
Leer ervan te genieten.

GEBOD 5

De Management Geboden: Team

Een Leuk Bedrijf zorgt ervoor dat iedereen betrokken is.

Zaken Doen is een teamsport

Zonder de juiste mensen bestaat jouw bedrijf niet

Veel bedrijven verkondigen dat hun mensen hun meest waardevlolle aanwinst zijn, en om eerlijk te zijn, elke keer ik zo'n statement lees op een website of in een taakomschrijving, ren ik hard weg.

Afgezien van het feit dat slavernij en het bezit van mensen al een hele tijd niet meer in de mode is in het overgrote deel van de wereld, bedrijven die zulke statements handelen vaak precies tegenovergesteld. Eén of ander genie van de afdeling communicatie dacht waarschijnlijk dat het wel aardig was om dit soort sentiment op de website te verkondigen, maar niemand in de organisatie gelooft echt dat er serieuze gevolgen zijn verbonden aan het maken zo'n statement.

In de 21ste eeuw gaat de waarheid echter een stuk dieper dan zo'n slappe cliché, omdat waar de meeste bedrijven liever niet over denken, is dat een bedrijf zijn mensen IS. Een bedrijf maakt enkel winst door toedoen van zijn mensen.

"Ons personeel is onze grootste aanwinst"

Met andere woorden:

Je bedrijf kan alleen maar geld verdienen
als je mensen dit toelaten.

Of je het nu leuk vindt of niet, dit is de harde realiteit van een bedrijf; De rendabiliteit van een bedrijf is recht evenredig met de inzet van het personeel. Als je team enthousiast in dezelfde richting trekt, dan kan je bedrijf bergen verzetten, maar als je personeel enkel maar geïnteresseerd is in het salaris, zal je voor elke dollar moeten vechten en zal je bedrijf alles behalve Leuk zijn.

Dus hoe vind je nu de juiste mensen, hoe zorg je dat ze zich inzetten en laat je hen allemaal naar eenzelfde kant trekken?

DE BESTE AANWERVEN

Zoals ik zeg in Gebod 9 in mijn eerste boek over personeel, begint het allemaal met het 'aanwerven van de beste". Je kan simpelweg geen duurzaam en Leuk Bedrijf opbouwen als je de verkeerde mensen aanwerft. Een oud gezegde is 'werf de instelling, train de vaardigheden' en om een duurzaam bedrijf op te bouwen is dit een waarheid als een koe. Jouw aanwervingsprocessen en procedures moeten eerst en vooral gericht zijn op het vinden van mensen van wie de instelling, uitstraling, enthousiasme en vindingrijkheid overeenkomt met jouw omgeving en de dynamiek van je team. Dit boek is niet het geschikte forum om hier verder op in te gaan, het volstaat om te zeggen dat je waarschijnlijk een andere aanpak nodig hebt om nieuwe werknemers te vinden en selecteren dan simpelweg een advertentie plaatsen op een online jobsite.

Instelling, uitstraling, enthousiasme en vindingrijkheid kan je waarnemen via testen, rollenspellen, referenties, persoonlijk profiel, oefendagen en vele andere technieken.

GELD

De volgende stap in het bouwen van een rendabel Leuk Bedrijf is aanvaarden dat mensen ook om andere dingen geven dan om geld. Iedereen heeft geld nodig en iedereen wil goed betaald worden, maar vanaf een bepaald salaris, verdwijnt het effect van geld om mensen te motiveren. Wat mensen enthousiast betrokken, gemotiveerde en efficiënte werknemers maakt, is grotendeels gerelateerd aan andere dingen dan geld.

Beschouw de volgende zes vragen:

1. Weet ik wat er van mij verwacht wordt op mijn werk?

2. Heb ik de nodige materialen om mijn werk goed te doen?

3. Heb ik de mogelijkheid om te doen waar ik het beste in ben?

4. Heb ik gedurende de laatste zeven dagen waardering of lof gekregen voor goed werk?

5. Geldt mijn mening op het werk?

6. Laat het doel van mijn bedrijf mij voelen alsof mijn werk belangrijk is?

Vragen zoals deze hebben een veel grotere invloed op de inzet van je werknemers dan hoeveel je ze betaalt. (De bovenstaande vragen zijn afkomstig van een serie van 12 onderzoeksvragen met betrekking tot de betrokkenheid van personeel geschreven door Marcus Buckingham in zijn boek First Break All The Rules; Meer hierover vind je bij de bronnen.)

ZORG DAT ZE BETROKKEN ZIJN

Eén van de geheimen van een Leuk Bedrijf is het betrekken van je mensen bij alle bedrijfsprocessen. Je mensen moeten betrokken zijn en zich inzetten voor alle Tien Geboden in dit boek. Ze moeten gevraagd worden om de drie Egel vragen in acht te nemen (Geboden 1, 2, 3); ze moeten betrokken worden bij het stellen van doelen (Gebod 4); ze moeten gevraagd worden hoeveel Plezier ze hadden vorige week en hoeveel Plezier ze volgende week willen hebben (Gebod 8); ze moeten betrokken zijn bij de strategie (Gebod 6) en ze moeten betrokken zijn in het ritme van het bedrijf (Gebod 7). Kortom, je moet je mensen betrekken, punt uit.

WERKNEMERS ZIJN OOK MENSEN

Vraag jezelf dit: Wat zou mij zelf het meeste motiveren? Een doel dat mij is opgelegd door mijn baas of een doel wat ik aan mee ontwikkeld heb? Ik denk dat het antwoord duidelijk is, maar het grappige is dat veel bedrijfseigenaars denken dat hun werknemers op één of andere manier een ander soort mens zijn dan zijzelf. Dat zijn ze niet, geloof me, werknemers zijn ook mensen (dat zijn ze, echt waar) en ze worden gemotiveerd door precies dezelfde dingen als jij.

Eén van mijn favoriete zakenhelden is Jack Stack, die een ongelooflijk succesvol bedrijf heeft opgebouwd met de naam: Springfield Remanufacturing Company (SRC) in Missouri in de Verenigde Staten en die een boek heeft geschreven, genaamd: The Great Game of Business (zie bronnen). Jack maakt de vergelijking tussen zaken doen en sport doen.

"En hier zien we nou een typisch voorbeeld van het diersoort 'kantoorus werknemerus' aan het werk, en je kan zien hoe hun gedrag verandert, wanneer er een examplaar van het diersoort "kantoorus manegerus' in de buurt komt."

HET ZAKEN-SPEL SPELEN

In een voetbal team kent en begrijpt iedereen de regels van het spel; iedereen speelt het spel omdat ze het leuk vinden en omdat ze willen winnen. Elke speler weet perfect wat zijn rol op het veld is en begrijpt exact wat de gevolgen van zijn acties zijn. Alle spelers hebben hetzelfde doel en lopen allemaal in dezelfde richting en leggen bij iedereen de verantwoordelijk zijn beste spel te spelen.

Ik ben niet altijd een fan van sport analogieën omdat ze te vaak gebruikt worden en het probleem soms te eenvoudig voorstellen, maar denken over zaken doen alsof we een heel groot, gecompliceerd spel aan het spelen zijn (zoals een cricket test match die 25 jaar duurt in plaats van 5 dagen, en veel spannender is), kan behulpzaam zijn.

Het toont aan dat mensen het leuk vinden om samen te werken en naar eenzelfde kant te trekken en dezelfde doelen en resultaten te hebben. Het laat zien dat iedereen in het team een belangrijke rol heeft.

Je mensen laten denken als team spelers, een spel spelen dat iedereen leuk vindt en wil winnen is een enorme stap in het bouwen van een Leuk Bedrijf dat nog jaren zal bloeien... Dat beloof ik jou.

De avonturen van Joan in het MKB

*Waarin Joan een moeilijke beslissing
neemt en mensen enthousiast maakt.*

Eindelijk, Joan was klaar om haar team erbij te betrekken. Op dit moment had ze vier fulltime werknemers en één parttime.

Dus Joan zorgde dat alles klaar was en organiseerde een twee uur durende lunch sessie in het kantoor.

Joan bereidde een simpele set slides voor, die het proces illustreerde dat ze de afgelopen maanden had doorlopen, de bedrijfswaarden, de overtuiging, welke passie ze wilde weerspiegelen in het bedrijf, hoe winsten werden gemaakt in het bedrijf, waar ze allemaal naar dienden te streven om de beste te zijn ter wereld en als laatste haar doel, streefdoel en WWD.

Het bedrijfsspel spelen

Joan was enthousiast, gepassioneerd en inspirerend en vier van haar personeelsleden werden zo meegesleept van haar passie en enthousiasme dat ze zichzelf al begonnen voor te stellen hoe het zou zijn om bij een design bedrijf met internationale mogelijkheden betrokken te zijn.

Jane, één van haar personeelsleden, voelde dit enthousiasme niet. Jane werkte al het langst voor Joan. Ze was er al bijna vanaf het begin en was voor Joan haar rechterhand. Maar Jane was duidelijk niet mee. Ze gaf allerlei bezwaren en negatieve commentaren en voelde zich heel oncomfortabel bij de nieuwe richting die Joan voorstelde.

Toen ik Joan de volgende keer zag, was ze moedeloos en ontgoocheld. Ze voelde zich alsof de wind uit haar zeilen was genomen en ze was niet zeker hoe ze nu vooruit moest komen nu Jane duidelijk niet mee aan boord was. We spraken een hele tijd over dit probleem en ik vroeg Joan hoe toegewijd ze was aan haar Egel Geboden en haar WWD. Er was geen twijfel bij Joan; Ze wilde niets liever dan die dingen te verwezenlijken. Dus stelde ik voor dat het misschien tijd was voor een goed gesprek met Jane.

De volgende week organiseerde Joan een bijeenkomst met Jane. Joan vertelde Jane hoe ontgoocheld ze was over haar reactie tijdens de lunch sessie en er volgde een eerlijk open gesprek. Het resultaat van het gesprek was dat Joan, ondanks dat ze veel respect had voor Jane, besliste dat ze niet langer een aanwinst was voor het team en de richting die het bedrijf uitging, en maakte Joan de verschrikkelijk moeilijke beslissing om dit aan Jane te vertellen.

Dit gesprek hebben en zeggen waar het op staat was één van de moeilijkste dingen die Joan ooit had gedaan. Wat ze niet had verwacht, was dat Jane ook akkoord ging met Joans beoordeling, waarop ze akkoord gingen met een periode van drie maanden waarin Jane een nieuwe job kon zoeken en Joan een nieuwe werknemer kon vinden, die perfect zou passen in het team.

Drie maanden later namen Joan en Jane afscheid en wensten ze elkaar het beste, en had Joan de perfecte vervanger gevonden. Joan's team was nu onhoudbaar en enthousiast en iedereen ging dezelfde kant uit. Joan had geleerd dat enkel met de juiste mensen die op de juiste plaats zaten en die dezelfde richting uitkeken het mogelijk was om doelen te stellen, plannen te maken en vooruit te gaan.

En dus is nu het hoofdstuk plannen maken aan de beurt.

Volgende Stappen

Hier is de bijbehorende videolink van dit hoofdstuk: www.thetentruths.com.au/tttf/5team

Terug naar ons werkboek… Tijd om na te denken over jouw mensen:

1. Plan volgende maand een sessie met je team over de Egel vragen en jouw doelen (zoals Joan deed; ik stel voor dat twee uur voldoende is, afhankelijk van de grootte van je team).

2. Bereid een 10 minuten durende presentatie voor over jouw bedrijfswaarden, jouw overtuigingen, over waar jij de 'beste ter wereld' in wil zijn, waarover jij het meest gepassioneerd bent, wat het lange termijn bedrijfsplan zal zijn en wat je WWD, streefdoel en jaar-doel is.

3. Maak enkele handouts die je kan uitdelen tijdens je presentatie.

4. Laat tijdens de sessie voldoende tijd voor discussies om feedback te krijgen, vragen te stellen en inbreng in te winnen.

5. Maak discussie mogelijk tijdens de sessie om het eens te worden over de drie prioriteiten waarop de komende maanden gefocust moet worden om de doelen te bereiken.

6. Plan binnen de maand een opvolg-sessie met het team om over voortgang en planning te praten.

7. Organiseer een persoonlijk gesprek met elke werknemer om feedback in te winnen, vragen te stellen, problemen aan te pakken en enthousiasme te beoordelen.

Hulpbronnen

De hulpbronnen zijn ook beschikbaar op deze video pagina:
www.thetentruths.com.au/tttf/5team   meer   hulpbronnen
zullen van tijd tot tijd worden toegevoegd:

- Brilliant artikel in de New York Times over het
  trainen van je echtgenoot... gelijkaardig toepasbaar
  op je personeel: http://tiny.cc/nytimeshusband

- Ken Blanchard praat over het besturen
  van mensen in de one minute manager:
  http://tiny.cc/kenblanchard2

- Marcus Buckingham over de 12 vragen die
  voorspellen hoe betrokken en gemotiveerd jouw
  mensen zijn: http://tiny.cc/mbuckingham

- Jack Stack en Norm Brodsky praten over Open
  Boek Management: http://tiny.cc/jstack

Onthoud

De beslissing dat iemand niet langer geschikt is voor de job, is geen weerspiegeling van hen als persoon zelf.

GEBOD 6

De Management Geboden: Plannen

Een Leuk Bedrijf heeft een 'levend' zakenplan dat het bedrijf voorwaarts douwt

Waar gaan we naartoe en hoe komen we daar?

Plannen is een interne zaak

De meeste kleine ondernemingen hebben geen officieel zakenplan en als er toch één is, dan hebben ze hier niet meer naar gekeken sinds het werd opgemaakt en ligt het ergens onderaan in een lade.

Maar niets bruikbaars werd ooit verwezenlijkt zonder een plan. Mensen bereiken niets zonder een plan. Ik heb horen verkondigen dat het onze bekwaamheid plannen maken is, dat ons onderscheid van andere dieren.

Nochtans als je ondernemers vraagt naar hun zakenplan, dan wordt je vaak aangekeken met een schuldige, defensieve blik en ze vertellen je dat ze daar nog niet aan toegekomen zijn. Maar als je diezelfde ondernemers de vraag stelt wat ze in gedachte hebben voor hun bedrijf voor komende maand of jaar, volgt er direct een uitgebreid antwoord. Dit betekent dat er dus wel degelijk een plan bestaat voor het bedrijf, niet officieel op papier, maar in het hoofd van de ondernemer.

We maken allemaal continu plannen, over ons leven en ook over ons bedrijf. Maar meestal bestaan deze plannen enkel onofficieel in ons hoofd of bestaan ze als een winkellijstje of te-doen lijst. Waarom is zo'n vorm van plannen dan niet goed genoeg?

REDENEN OM EEN ZAKEN PLAN TE HEBBEN

Hier zijn enkele redenen waarom het belangrijk is om dat onofficiële plan dat in je hoofd zit op papier te zetten; het:

1. Laat toe dat andere mensen betrokken worden bij het plan en weten in welke richting het bedrijf gaat.

2. Laat jou en anderen toe de voortgang van het plan te controleren.

3. Opent de mogelijk om met anderen te brainstormen.

4. Maakt de verwezenlijking van het plan concreet.

5. Opent de mogelijkheid voor het plannen van onvoorziene omstandigheden en 'wat als' scenario's.

6.   Moedigt de kwaliteit en consistentie
     van besluitvorming aan.

7.   Helpt de focus behouden op de belangrijke dingen.

8.   Vermindert crisis management.

Ik kan je nog veel meer voordelen geven van een zakenplan hebben. Maar deze lijst maakt al duidelijk dat planning, op papier, een goed idee is.

BASIS MISVATTING

Maar bovendien, veel ondernemers weten dit natuurlijk al lang. Wat ik net geschreven heb, komt waarschijnlijk niet als een complete verrassing, of wel? Je was waarschijnlijk zelfs aan het knikken met je hoofd toen je de bovenstaande punten las. We weten allemaal dat we een zakenplan 'zouden' moeten hebben, toch hebben de meesten van ons er geen of als we het wel hebben, hebben we het al een jaar of langer niet meer bekeken.

Als we allemaal weten dat we een plan zouden moeten hebben, en toch heeft niemand er één, dan kunnen we zeggen dat er een algemene misvatting of misverwachting heerst.

En dat is precies waar het probleem ligt. De reden waarom zo weinig ondernemers een zakenplan hebben of gebruiken, is dat de opzet die ons aangeleerd is door boekhouders en adviseurs en overheidsinstanties volledig verkeerd is en niet ontworpen is om voor jou, de ondernemer, van enig nut te zijn.

TWEE SOORTEN PLANNEN

De misvatting draait om het feit dat er twee toepassingen zijn van zakenplannen:

- Extern

- Intern

Externe zakenplannen worden opgemaakt als momentopname van de huidige situatie en verwachtte toekomst van een bedrijf om aan de bank, boekhouders, investeerders, aandeelhouders, potentiële partners enz.. te kunnen voorleggen.

Interne zakenplannen zijn opgemaakt als hulpmiddel om jou te helpen bij het maken van beslissingen en als interne communicatie over de focus en richting van het bedrijf met het team dat het bedrijf vormt: eigenaars, partners, investeerders, executives, managers en personeel.

Een extern plan is een document dat is opgemaakt op een bepaald tijdstip voor een specifiek doel, zoals het aanvragen van een bedrijfsfinanciering. Als dat doel eenmaal bereikt is, verdwijnt het zakenplan in de schuif en wordt niet meer gebruikt tot de volgende keer dat een bank of investeerder aangesproken moet worden voor een bepaald doel.

Externe plannen dienen een allesomvattende officiële structuur te hebben om een diepgaand inzicht in het bedrijf te geven aan een externe partij. Externe plannen die gepaard gaan met een bank applicatie bevatten samenvattingen en aparte secties die alle aspecten van het bedrijf behandelen. Vaak zijn het dikke bundels papier die gemaakt zijn om te imponeren door toevoegingen en indexen etc. Externe plannen zijn ontoegankelijke boekdelen die misschien wel allerhande vertrouwelijke informatie kunnen bevatten die niet door de rest van het bedrijf en zeker niet door de rest van de wereld gezien mag worden.

INTERNE PLANNEN

Interne plannen zijn een heel ander soort plan. Interne zakenplannen zijn actieve documenten en management werktuigen. Interne plannen zijn meestal veel kleinere documenten (in ideale omstandigheden zelfs maar één pagina). Interne plannen worden met iedereen in het bedrijf gedeeld en ideaal zou zijn als iedereen een inbreng had bij de opmaak ervan. Op elke bureau ligt een kopie van het huidige zakenplan, waarschijnlijk met wat koffievlekken hier en daar en aantekeningen in de marge. Iedereen kent de inhoud van het plan en mensen gebruiken het om hun acties en beslissingen te controleren op consistentie en rechtlijnigheid.

Een ander kenmerk van efficiënte en inspirerende zakenplannen is dat ze regelmatig herzien worden. Ik geloof dat een intern zakenplan elke maand minimale aanpassingen nodig heeft, maar op z'n minst elke drie maanden en een totale herziening elk jaar. (Noteer de opmerkingen die ik heb gemaakt in Gebod 4 over de noodzaak dat doelen flexibel moeten zijn om zich te kunnen aanpassen aan wisselende omstandigheden.)

Het zakenplan waarvan wij denken dat we dat zouden moeten hebben (maar wat we niet hebben) is over het algemeen de externe versie. Als je dat idee van hoe een zakenplan 'zou' moeten zijn, loslaat en gewoon rond de tafel gaat zitten met je mensen en vraagt: wat willen we dit jaar doen? Wat willen we dit jaar bereiken en hoe gaan we dat aanpakken? Wat kan er in onze weg staan? Wat zijn onze mogelijkheden, etc.? Zal je ontdekken dat het opmaken van een zakenplan helemaal niet ingewikkeld is, maar in plaats daarvan heel krachtig en Leuk is.

EEN ACTIEF PLAN

Ik geloof dat er zes kernvoorwaarden zijn waaraan een intern zakenplan moet voldoen opdat het een bruikbaar werktuig kan zijn bij de ontwikkeling van je bedrijf; het moet:

1. Een 'actief' document zijn en 'actief' gehouden worden door de mensen die hierdoor rechtstreeks beïnvloed worden, maandelijks, driemaandelijks, jaarlijks (zie Gebod 5).

2.   Opgemaakt zijn door de mensen die er rechtstreeks door beïnvloed worden.

3.   Makkelijk te gebruiken en makkelijk te bereiken zijn voor de mensen die er rechtstreeks door beïnvloed worden.

4.   Opgemaakt zijn op een manier dat het de korte, middellange en lange termijn doelen van het bedrijf omvat(zie Gebod 4).

5.   De Egel Geboden van het bedrijf weerspiegelen (zie hoofdstukken 1, 2, 3).

6.   Kort zijn… één pagina… bij voorkeur.

In de bronnen sectie van dit Gebod vind je patronen voor efficiënte en inspirerende één-pagina zakenplannen die je eens kan bekijken en waarmee je kan experimenteren. Kies er één uit of combineer en maak je eigen versie. Het maakt echt niet uit hoe het eruitziet, zolang het maar werkt voor jou en je mensen.

Wanneer je je toelegt op dit soort plannen maken hebben jij en je team een grote stap gezet in de richting van het bouwen van een Leuk Bedrijf dat nog jaren zal bloeien… Dat beloof ik jou.

De avonturen van Joan in het MKB

Waarin Joan nog een vier-letterwoord leert terwijl haar bedrijf van start gaat.

Met haar team in de startblokken, haar doelen gesteld en eenduidigheid omtrent normen en waarden van het bedrijf, was het tijd voor Joan om duidelijke plannen te maken over hoe dit allemaal waar te maken.

Tot dan was het woord PLAN een vies vier-letterwoord voor Joan. Toen ze haar bedrijf opstartte, had de boekhouder van Joan haar een zakenplan patroon gegeven en haar gevraagd een zakenplan te schrijven. Het resultaat was een mooie bundel met allerlei documenten, waar vele uren werk in zaten en dat was opgeborgen in een lade die sindsdien niet meer was geopend.

Nadat ik aan Joan had uitgelegd wat voor soort plan ik bedoelde en hoe ze dit moest aanpakken, ging Joan aarzelend akkoord om het een kans te geven. Het eerste wat ik uitlegde was dat het noodzakelijk was om het hele team te betrekken bij het proces van het opmaken van het strategische plan, de mijlpalen, de obstakels, de kansen en de metingen.

En dus organiseerden Joan en haar team de daaropvolgende weken lunchbijeenkomsten die ze spendeerden aan het vinden van de hoofdprioriteiten die aandacht nodig hadden, zoals:

- Het toepassen van een meer systematische aanpak om aanwijzingen en voorstellen op te volgen.

- Het opmaken van een reeks documenten die in een schema weergeven wie welke rol en verantwoordelijkheden heeft in het bedrijf.

- Het wekelijks organiseren van een vergadering over klussen die in uitvoering zijn.

- Het vinden en toepassen van een software pakket om projecten te managen, etc.

Het team identificeerde ook enkele sterke punten van het bedrijf waarop gebouwd kon worden, zoals:

- Het vragen van getuigenissen en referenties aan oude klanten.

- Het inschrijven van belangrijke projecten op prijzen, etc.

Het team beschreef ook mogelijkheden zoals het ontwikkelen van een in-huis bekwaamheid voor twee bepaalde niche producten zodat het mogelijk werd voor het bedrijf zich efficiënter aan te bieden voor bepaalde web projecten.

Toen Joan en haar team de meest belangrijke ontwikkelingsprioriteiten hadden geïdentificeerd, was de volgende stap het verdelen van het één-jaar doel in maandelijkse mijlpalen. De eerste mijlpaal was het organiseren van wekelijkse vergaderingen op een vastgestelde dag. De volgende mijlpaal was om iemand van het team aan te stellen om één van de twee niche producten te ontwikkelen. Een andere mijlpaal was voor Joan om begin onderzoek te doen naar management software pakketten die geschikt zouden zijn voor het bedrijf.

Op deze manier was het hele jaar onderverdeeld in een reeks van maandelijkse doelen en mijlpalen en iedereen van het team was verantwoordelijk voor zijn deel. Iedereen moest verslag uitbrengen over zijn maandelijkse streefdoelen op de maandelijkse operaties vergadering.

TEN EINDE

Er moesten nog twee dingen worden toegevoegd aan een efficiënt en inspirerend plan:

Als eerste, meting; hoofdstuk 9 gaat over meting, daar kan je lezen over Joan's werk op dat gebied.

Het laatste onderwerp dat we moesten toevoegen aan een strategisch zakenplan was feest vieren.

Wanneer je een jaarlijkse planning aan het opmaken bent, is het een heel goed idee om ook een feest te plannen voor wanneer je het plan verwezenlijkt hebt. De vraag die Joan aan haar team stelde was: wat zullen we doen om ons succes te vieren wanneer we ons doel dit jaar bereiken?

Ze beslisten uiteindelijk dat wanneer hun doel behaald werd, Joan het bedrijf voor één dag zou sluiten en het hele team inclusief partners zou die dag doorbrengen op een prachtig jacht in de haven van Sydney met champagne, oesters en nog meer lekker eten.

Joan was er zeker van dat niemand zo'n dag zou vergeten.

Met het plan dat nu op papier stond en een kopie op elke bureau, was het team klaar om te starten.

Nog belangrijker was dat bij de eerste opvolg vergadering, één maand na het opmaken van het plan, alle mijlpalen werden bereikt.

Vervolgens was het tijd om de allesdoordringende lucht van crisis management in het bedrijf aan te pakken en te beginnen bouwen aan ritme en regelmaat van dag tot dag en week tot week.

En toevallig is ritme het onderwerp van het volgende hoofdstuk over Gebod 7.

Volgende Stappen

Hier is de bijbehorende videolink van dit hoofdstuk: www.thetentruths.com.au/ [tttf/6planning](http://www.thetentruths.com.au/tttf/6planning)

Het is tijd om een efficiënt plan op te maken. Nu het team betrokken is bij de doelen van het bedrijf, kan je gaan nadenken hoe deze te verwezenlijken

1. Ga naar de sectie bronnen onderaan The Ten Truths website en download de 'New Perspective One-Page Plan' en ook de 'Business Model Canvas' en het voorbeeld 'Prosperity Plan'.

2. Er zijn veel andere manieren om een krachtig één-pagina plan op te stellen: in mind map vorm of met gekleurde notitieklevers op een wit bord bijvoorbeeld. Beslis voor jezelf welke opzet voor jou en je team het beste is.

3. Organiseer een team planning sessie en doorloop het proces dat Joan ook heeft doorlopen: beslis over maandelijkse prioriteiten en mijlpalen en zorg ervoor dat mensen de verantwoordelijkheid nemen voor het behalen van deze mijlpalen.

4. Noteer een maandelijkse voortgang en planning sessie om het plan te updaten en nieuwe prioriteiten te stellen.

5. Spreek af op welke manier je gaat vieren wanneer het één-jaar doel bereikt is.

Hulpbronnen

De hulpbronnen zijn ook beschikbaar op deze video pagina: www.thetentruths.com.au/tttf/6planning meer hulpbronnen zullen van tijd tot tijd worden toegevoegd:

- Het Eén-Pagina-Zaken-Plan
  http://tiny.cc/rolandplan geschreven
  door New Perspectives

- De zaken model generator sjabloon:
  http://tiny.cc/canvas1

- Een goede Youtube video die het Canvas van het Bedrijfsmodel uitlegt: http://tiny.cc/canvas2

- Briljant hoofdstuk van "Rework"
  geschreven door Jason Fried: "Plannen
  is Gissen": http://tiny.cc/jasonfried

Onthoud

Plannen maken is gissen...
Plannen moeten steeds opnieuw
worden aangepast.

GEBOD 7

De Management Geboden: Ritme

Een Leuk bedrijf heeft ritme en regelmaat

Weten we wat we elke dag moeten doen?

Crisis management is mis-management

Ondernemers zijn de meest drukbezette mensen op de planeet. Ze werken meestal lange dagen en weekenden en dromen 's nachts van hun bedrijf.

Ze voelen zich zelfs schuldig wanneer ze niet hard bezig zijn, ze geloven immers dat de eigenaar het rolmodel moet zijn voor hard werken en als ze niet de hardste werker zijn, kunnen ze dat ook niet aan anderen vragen.

Ik zeg vaak dat ondernemers de meest schuldbewuste mensen ter wereld zijn. Het kleine stemmetje in hun hoofd spreekt door een megafoon en overstemt alle andere geluiden: "Werk harder… je moet 's morgens als eerste in het bedrijf aanwezig zijn en 's avonds als laatste vertrekken… niet verslappen… vraag niet aan iemand anders iets te doen

"Doorduwen.. Sneller… Luier

wat je zelf niet wil doen... sla de bal niet mis... " enzovoorts enzovoorts.

Als gevolg hiervan handelen de meeste ondernemers als crisis managers. We lopen de hele dag van het ene vuurtje naar het andere en dat heeft veel ongewenste gevolgen:

1. Je zal onvermijdelijk een fout of fouten maken; soms zijn het kleine fouten en soms grote, maar je zal ze maken.

2. De dingen die op lange termijn belangrijk zijn voor je bedrijf, komen er niet van. Dit zijn de belangrijke lange termijn objecten, de bedrijfsontwikkeling objecten, het echte 'werk van de ondernemer'. Het enige werk dat niet gedelegeerd of uitbesteed kan worden. Naar dit werk wordt soms verwezen als 'Kwadrant 2' werk volgens de vier kwadranten van tijd management door Steven Covey (zie bronnen).

3. Je wordt overspannen, of er is niet genoeg tijd voor je familie, of je krijgt een maagzweer, of alles tegelijk.

GEBREK AAN CONTROLE

Als laatste, een sfeer van crisis, stress en last minute oplossingen is één van de belangrijkste oorzaken van gebrek aan moraal en personeelsverloop in kleine ondernemingen. Omdat je steeds opnieuw probeert de crisissen op te lossen, leidt dit tot machteloosheid in je team. Mensen willen controle hebben over hun leven en hun werk. Niet vertrouwd worden en niet de kans krijgen om een klus af te werken, je baas die er altijd tussen komt en alles overneemt wanneer het moeilijk wordt, dit leidt allemaal tot een vermindering van inzet en betrokkenheid.

Zeemeeuwen leiderschap stijl... Hij vliegt rond, maakt een hoop lawaai, dumps op alles en vliegt weer weg

Om gemotiveerd en efficiënt te zijn, moeten mensen zich eerste veilig voelen. We voelen ons veilig als we denken te weten wat de toekomst gaat brengen, wanneer we denken te weten wat er gaat gebeuren. Een alles doordringend gevoel van crisis en nood leidt tot een onveilig, stuurloos gevoel.

VOORSPELBAARHEID EN RITME

"Makkelijker gezegd dan gedaan," hoor ik je zeggen, " de aard van crisissen is dat ze meteen moeten worden aangepakt. Ik weet zeker dat wanneer ik eindelijk een dag zonder crisis heb, dat ik dan ook niet als een kip zonder kop zal rondlopen.

Het is nog weer een andere versie van het kip en ei dilemma waarover ik sprak in mijn vorige boeken. Dilemma's zoals: " zal ik nu al in het extra voertuig investeren, in de hoop dat het druk genoeg wordt om er werk voor te vinden of wachten tot we bijna uit onze voegen barsten?" Of: "Zal ik nu al een kantoor manager inhuren terwijl ik nog maar net rond kom of wacht ik tot ik genoeg geld verdien en die persoon kan veroorloven?" Of mijn persoonlijke frustratie: "Ik zou graag een business coach aannemen, maar misschien kan ik beter wachten tot ik meer tijd heb?" etc.

Als je overal maar vuurtjes loopt te doven, heb je niet genoeg tijd om je mensen te trainen om zelf crisissen aan te pakken en niet genoeg tijd om de systemen te ontwikkelen en de voorspelbaarheid te bevorderen... met als gevolg dat er steeds een andere crisis zal zijn... en zo blijven we eindeloos verder gaan.

VICIEUZE CIRKEL

De weg uit dit dilemma is om allereerst te herkennen dat je vastzit in een eindeloze cirkel en dat er niets zal veranderen tot je daar op één of andere manier kan uitbreken.

Ten tweede, wanneer je die eindeloze cirkel herkent, zal het jou taak als ondernemer zijn om een proces van regelmaat en voorspelbaarheid op te bouwen in jouw bedrijf.

Eén van de beste eerste stappen die je kan nemen, is om te starten met een wekelijkse werk vergadering, een 'lopende projecten' vergadering, een 'project vergadering', of een 'sales meeting'… Welke ook het meest relevant is voor jouw bedrijf en omstandigheden.

Bijvoorbeeld elke maandag ochtend van 9.00 am tot 9.45am zit iedereen rond te tafel om het volgende te bespreken:

- Wat is er vorige week goed gegaan en wat niet?

- Wat hebben we geleerd?

- Wat kunnen we de komende week toepassen van hetgeen we geleerd hebben?

- Welke grote problemen kunnen zich de komende week voordoen?

- Hoe kunnen we ons hierop voorbereiden?

EFFICIËNTE VERGADERINGEN

Wees hier wel voorzichtig mee, want niets legt een groter beslag op het bedrijf en is een grotere tijdsverspilling dan slecht verlopen en slecht gestructureerde vergaderingen. Er is een goede manier om te vergaderen en een slechte.

De geheimen van de structuur van een efficiënte werk vergadering zijn:

1. Elke week, op hetzelfde tijdstip.

2. Vaste tijd om te starten, vaste tijd om te eindigen en iedereen zorgt ervoor dat alles wat besproken moet worden, binnen die tijd gebeurt.

3. Een vergadering zonder agenda bereikt alles wat er in staat… zorg dat je altijd een agenda hebt.

4. Sta erop dat iedereen aanwezig is op de vergadering, op tijd, geen uitzonderingen

(inclusief jijzelf, je kan geen andere afspraken maken, hoe belangrijk de klant ook is).

5. Telefoon uit, geen e-mails… geen uitzonderingen.

6. Iedereen neemt eigen notities en één algemeen rapport wordt bijgehouden dat de acties van iedereen de komende week inhoudt.

7. Het doel van vergaderingen is om 'acties te coördineren' vooral in het geval van werk vergaderingen. Daarom moet je bij dit soort vergaderingen op schema blijven. Wanneer je vast komt te zitten bij een probleem dat opgelost moet worden, zet het dan even opzij en plan een aparte vergadering met alleen de betrokken mensen en sta toe dat ze de komende week verslag uitbrengen.

8. Sta niet toe dat de vergadering in een negatieve sfeer terecht komt. Altijd oplossings-gericht werken en zoeken naar de volgende stap voorwaarts.

Het uitvoeren van een wekelijkse werk vergadering is de eerste stap richting het creëren van ritme en voorspelbaarheid in je bedrijf.

SYSTEMEN

Vervolgens kan je beslissen om een aantal systemen van je bedrijf te bekijken. Systematisering is een belangrijke bijdrager aan een gevoel van kalme voorspelbaarheid in een bedrijf.

Een definitie van een systeem is simpelweg een vooraf bepaalde reactie op een bepaald evenement of situatie: "Als 'X' gebeurt… doen we 'Y'."

Een systeem kan zo simpel zijn als een script hebben om de telefoon op te nemen in je bedrijf: 'De telefoon wordt binnen drie beltonen opgenomen en als volgt beantwoord: *Goedemorgen, dit is XYZ bedrijf en mijn naam is Sally, hoe kan ik u helpen?*'De volgende stap in het systeem kan bijvoorbeeld een script zijn over hoe je moet reageren op verschillende soorten telefoonoproepen, zoals van leveranciers, mogelijke klanten, bestaande klanten etc. Elk van de verschillende categorieën kan een ander script hebben zodat niemand zich zorgen hoeft te maken of vragen wel juist behandeld worden?

Het systeem kan mogelijk ook een standaard formulier/ checklist omvatten dat bij elk gesprek moet worden ingevuld.

Dit telefoon script voorbeeld is een heel eenvoudig systeem, maar systemen kunnen zo ingewikkeld worden als jijzelf wilt. Het enige dat systemen gemeenschappelijk hebben, is dat ze onzekerheden en de nood naar 'intuïtief' management weghalen.

Jezelf als ondernemer focussen op ritme en voorspelbaarheid, zal je bedrijf FUNdamenteel (sorry, dat kon ik even niet helpen) veranderen, en zal je een grote stap zetten richting het bouwen van een Leuk Bedrijf dat nog jaren zal bloeien... Dat beloof ik jou.

De avonturen van Joan in het MKB

Waarin Joan ritme en momentum opbouwt
en leert over voorspelbaarheid

Joan's bedrijf was niet meer te vergelijken met een paar maanden geleden, maar er waren nog enkele lastige punten. Iedereen in het bedrijf zette zich in voor de waarden, de visie het doel, winstgevendheid, korte, middellange en lange termijn doelen, de hoofdprioriteiten en mogelijkheden en de mijlpalen voor het komende jaar. Het niveau van

betrokkenheid in het team was fenomenaal, maar een gevoel van rusteloosheid en een sfeer van crisis management heerste nog steeds dagelijks.

Joan was moe en ongeduldig om alle nieuwe initiatieven en plannen toe te passen, maar ze had voortdurend tekort aan tijd en de neiging om overal vuurtjes te blussen en crisissen op te lossen.

Het was tijd om het bedrijf op een meer evenwichtige bodem te plaatsen.

Ik vertelde Joan dat elk Leuk Bedrijf ritme nodig heeft, ritme in schema's en ritme in systemen. Ritme gaat over het bouwen van voorspelbaarheid, mensen weten wat er te verwachten is van dag tot dag. Wanneer een bedrijf ritme heeft, weten mensen wat hun rol en verantwoordelijkheden zijn en wat er van hen verwacht wordt en wat zij van anderen kunnen verwachten.

Ik stelde voor dat ze moest starten met het toepassen van een eenvoudig systeem voor wekelijkse 'work in progress' (WIP) vergaderingen en maandelijkse strategische werk vergaderingen voor het hele team.

Elke maandag ochtend, één uur nadat iedereen start met werken, wordt er een WIP vergadering gehouden waarin het team snel de huidige contracten kan bespreken, hoe de projecten verlopen, wat de problemen en uitdagingen zijn en wat er nodig was om de deadlines van de huidige projecten te halen.

Elke maand op een vaste dag en tijdstip kan er een strategische werk vergadering gehouden worden, waar het strategisch zaken plan wordt bovengehaald (zie Gebod 6) en waar het doel, mijlpalen en streefdoelen worden geëvalueerd.

De vergaderingen zijn zakelijke, formeel gestructureerde bijeenkomsten met agenda's. Mensen die verantwoordelijk zijn voor projecten, taken of mijlpalen brengen verslag uit en taken en acties worden opgeschreven op een manier dat er verantwoording mogelijk is.

Joan kon begrijpen waarom deze vergaderingen nodig waren en ging meteen van start met de wekelijkse WIP vergadering. Ze gaf ieder personeelslid een speciaal notitieboekje waarin ze aantekeningen konden maken over hun verplichtingen en besluiten die genomen werden.

Na een aantal weken van WIP vergaderingen begon het Joan op te vallen dat het kantoor veel rustiger was en er een zekere kalmte heerste... goede tekenen.

De daaropvolgende maanden, terwijl Joan steeds minder stress ondervond, begonnen we met het ontwikkelen van een operationeel handboek, en van allerlei systemen en processen, en begonnen Joan en haar team met het ontwikkelen van workflow grafieken en rolverdelingen en verantwoordelijkheden voor het hele team. Voor het eerst in jaren voelde het voor Joan weer alsof het bedrijf voor haar werkte en niet omgekeerd.

Eén maand later begon Joan ook met de maandelijkse strategische werk vergaderingen, in Gebod 8 zullen we bespreken hoe die eerste vergadering verlopen is.

Volgende Stappen

Hier is de bijbehorende videolink van dit hoofdstuk: www.thetentruths.com.au/tttf/7rhythm

Laten we ons nu focussen op voorspelbaarheid. Nu je bent begonnen met het stellen van doelen, je team te betrekken en het toepassen van een efficiënt één-pagina zakenplan is het tijd om te bouwen aan meer regelmaat en voorspelbaarheid in je bedrijf:

1. Volg de links bij de bronnen en download de standaard agenda's voor de wekelijkse WIP vergadering en de maandelijkse werk vergadering.

2. Plan voor volgende week je eerste WIP vergadering op een tijdstip dat voor iedereen past en adviseer iedereen om dat tijdstip vanaf dit moment voor te behouden. (Als een werk vergadering niet relevant is voor jou bedrijf, vervang dit dan met 'management vergadering' of wat voor term dan ook die voor jullie toepasbaar is).

3. Startend met de standaard WIP agenda, bereid je eigen standaard agenda voor de eerste vergadering voor.

4. Voorzie een WIP vergadering notitieboekje voor iedere deelnemer.

5. Houd je eerste vergadering. Maak een inschatting van wat er goed ging en wat niet en maak aanpassingen aan de agenda en regeling zodat het voor jou werkt.

6. Herhaal het proces voor de eerste maandelijkse strategie vergadering en verwerk hierin je doelen en één-pagina zakenplan.

7. Download het standaard script voor het beantwoorden van de telefoon, pas het aan je bedrijf aan en gebruik het.

8. Maak een één-pagina lijst van simpele systemen die je kan creëren voor je bedrijf.

Hulpbronnen

De hulpbronnen zijn ook beschikbaar op deze video pagina: http://www.thetentruths.com.au/tttf/7rhythm meer hulpbronnen zullen van tijd tot tijd worden toegevoegd:

- Boek: Verne Harnish schrijft hoe een Rockefeller elke dag lunch had met zijn top managers: http://tiny.cc/vharnish

- Zingerman's Weg naar wekelijkse bijeenkomsten download: http://tiny.cc/huddle

- Artikel van de Harvard Business Review over bedrijfsritmes door Ron Ashkena: http://tiny.cc/hbrrhythm

- rtikel over de 4 fasen van een efficiente vergadering: http://tiny.cc/fastmeeting

Onthoud

Mensen willen zich veilig voelen;
veiligheid begint bij het weten
wat de toekomst brengt.

GEBOD 8

De Management Geboden: Meten

Een Leuk Bedrijf meet het plezier wekelijks, maandelijks, jaarlijks

Hoeveel PLEZIER hadden we vorige week... Hoeveel PLEZIER willen we volgende week hebben?

Energie volgt aandacht

Meten is een ander onderwerp waar de clichés vanaf druipen. Dit keer wil ik er wel één aanhalen omdat ik denk dat zonder deze stap te zetten, ons project van Plezier maken in Zaken zal wankelen. Management goeroe Peter Drucker heeft dit zo'n 40 jaar geleden gezegd:

Je kan niet managen wat je niet meet.

Ondanks het citaat dat toegeschreven aan Einstein staat dat, "niet alles dat geteld kan worden telt, en niet alles dat telt geteld kan worden," geloof ik vast en zeker dat wanneer

"Er staat duidelijk in regel 27c dat de onderbroken witte lijnen 634 mm lang moeten zijn"

het resultaat van een proces gemeten kan worden het veel makkelijker wordt om dat proces te verbeteren. Meten is ook een belangrijk onderdeel in het proces van doelen stellen waarover ik sprak in Gebod 4.

Er zijn natuurlijk een heleboel dingen die gemeten (en gemanaged) moeten worden in een succesvol bedrijf. Het is niet mijn intentie om jou te vertellen wat en hoe je moet meten in je eigen bedrijf. Er zijn echter wel een aantal gemeenschappelijke indicatoren die gemeten moeten worden in elk bedrijf, zoals bijvoorbeeld wat er op je bankrekening staat en hoe je inventaris erbij staat. Maar verder dan die voor de hand liggende metingen heeft elk bedrijf en iedere ondernemer verschillende prioriteiten die mogelijk van tijd tot tijd kunnen veranderen afhankelijk van de doelen, plannen en omstandigheden van het bedrijf.

Maar zoals ik heb uitgelegd in het Uitgangspunt, is er één meetpunt waarmee elke ondernemer zou moeten starten om te kunnen bouwen aan een Leuk Bedrijf, en dat is het meten van het Plezier zelf in het bedrijf.

Plezier is de enige succes factor die dwars door alle verschillende aspecten van een bedrijf heen gaat, die hierdoor beïnvloed wordt en omgekeerd.

In *The Great Game of Business* (Gebod 5 over het team), schrijft Jack Stack over het belang om een 'kritisch nummer' te hebben dat iedereen begrijpt. Zoals ik vermeldde in het Uitgangspunt, denk ik dat het meest nuttige kritische nummer waar je op kan focussen, het nummer is dat weergeeft hoeveel Plezier je hebt in je bedrijf op een willekeurig tijdstip.

Eén van de redenen waarom Plezier in de meeste bedrijven niet gemeten wordt, is omdat veel mensen denken dat dit niet kan worden gemeten... Het lijkt ontastbaar, zoals geluk, verdriet, vriendschap, eerlijkheid en andere waarden, overtuigingen en emoties. Het is veel eenvoudiger om geld of productie per uur te meten.

PLEZIER METEN

Maar je kan wel degelijk zoiets immateriëls als Plezier meten.

Redelijk eenvoudig zelfs.

Zie je, als mensen hebben we de mogelijkheid om allerlei onduidelijk/vage begrippen te meten. Laten we bijvoorbeeld eens kijken naar geluk. Normaal zouden we zeggen dat geluk niet meetbaar is; we weten wanneer we gelukkig zijn en wanneer niet, maar dit meten lijkt op één of andere manier een onmogelijke taak. Maar stel nu dat ik je vraag om een schaal van 0 tot 10 in gedachte te nemen, en we noemen dit jouw geluk schaal. Stel dat nummer 10 op de schaal betekent dat je het gelukkigste bent dat je ooit bent geweest en ooit kan zijn en 0 betekent het tegenovergestelde, je bent heel ongelukkig en 's morgens zou je het liefst in je bed willen blijven liggen.

Dus als ik jou, gisteren op een bepaald tijdstip, had gevraagd welk cijfer je op dat moment was, zou je hoogstwaarschijnlijk een antwoord hebben kunnen geven. Afhankelijk van je stemming en waar je was en hoe je dag was geweest (en of die knappe kerel die je gisteren hebt ontmoet heeft geantwoord op je sms bericht) zou je misschien een 6 hebben gezegd.

Als ik je vandaag op ongeveer hetzelfde tijdstip exact dezelfde vraag stel, zou je misschien wel 7 zeggen bijvoorbeeld.

PERSOONLIJKE SCORE

Natuurlijk zijn deze scores heel persoonlijk en geen wetenschappelijke cijfers in de zin dat een wetenschapper hier iets mee kan doen. Want wat betekent die 6 nu eigenlijk? Maar wat we wel weten wanneer je vandaag 7 kiest op de schaal nadat je gisteren 6 koos, is dat je vandaag gelukkiger bent dan gisteren.

Dit proces heet relatief meten. Er zijn boekdelen geschreven over het proces en concept van relatief meten in verschillende afdelingen van de psychologie, en het blijkt dat we hetzelfde proces ook heel effectief kunnen toepassen op de verschillende onderdelen van bedrijfsmanagement.

Stel je hebt je team gevraagd om elke vrijdag middag anoniem een cijfer te geven aan het Plezier in Zaken doen in de afgelopen week op een schaal van 0 tot 10, met 10 dat men enorm veel plezier in de week heeft gehad en 0 het tegenovergestelde. Vervolgens vergelijk je de cijfers en maak je een gemiddelde 'Plezier cijfer' van de hele week.

HET PLEZIER CIJFER

Je kan dan elke maandag ochtend een personeelsvergadering houden met het hele team en het Plezier cijfer van vorige week bespreken.

Stel het gemiddelde Plezier cijfer van vorige week was 6.3. Vraag je team dan wat iedereen zou kunnen doen om dit gemiddelde naar 6.5 te krijgen in de komende week. Vrijdag stel je dan dezelfde vraag en maandag bespreek je dit weer op dezelfde manier.

De eerste keren dat je dit doet, zal iedereen natuurlijk grappige suggesties maken over het verdubbelen van het loon en over informele vrijdagen en paintball uitstappen en nog meer van die dingen, omdat het allemaal leuk en nieuw is. Je zal natuurlijk wat uitleg moeten geven rond dit idee en geduld moeten hebben om iedereen mee aan boord te krijgen van dit hele concept.

OVERUREN

Maar ik verzeker je dat het voor iedereen snel duidelijk zal worden wat ECHT PLEZIER in zaken doen is en je zal gesprekken zoals dit gaan hebben:

"Nou... de laatste weken hebben we allemaal veel stress gehad omdat we het project voor klant X maar niet afgewerkt krijgen. Het zou de stemming echt verbeteren als we het konden afwerken en afleveren. Wat denk je ervan om wat extra mensen in te zetten voor dit project of toestemming te geven voor extra overuren zodat we dit kunnen afwerken en aan iets nieuw kunnen beginnen?"

Of misschien zal de discussie als volgt zijn:

"Het is heel stressvol dat we op het einde van de maand steeds zonder geld zitten. De helft van de telefoonoproepen is van een boze leverancier die betaald wil worden en het is gewoon niet aangenaam. Het probleem is natuurlijk dat we zo veel openstaande schulden hebben. Kunnen we deze week misschien wat extra moeite doen om achterstallige betalingen te innen? Of misschien moet jij, mijnheer de Baas, proberen een groter krediet te krijgen van de bank?"

Door gebruik te maken van de relatieve meet methode zal je heel andere gesprekken hebben met je team.

En wanneer je begint met het meten van hoeveel ECHT PLEZIER je hebt in je bedrijf, zal je weer een grote stap hebben genomen in het bouwen van een Leuk Bedrijf dat nog jaren zal bloeien... Dat beloof ik jou.

De avonturen van Joan in het MKB

Waarin Joan start met meten en plezier heeft met cijfers

Tijdens onze volgende sessie, vertelde ik Joan dat meten de volgende belangrijke stap was. Management zonder meting is zoals golf spelen met je ogen dicht.

Het eerste wat gedaan moet worden is bepalen wat er gemeten moet worden. Er zijn dingen die eenvoudig meetbaar zijn, zoals Euro's op je bankrekening, en er zijn andere aspecten die niet zo eenvoudig te meten zijn. Maar dat iets moeilijk meetbaar is, wil niet zeggen dat het niet gemeten moet worden.

Er zijn metingen van hoge waarde en metingen van lage waarde. Een meting van lage waarde is bijvoorbeeld hoeveel inktpatronen maandelijks worden gebruikt, of hoeveel vragen er elke maand via e-mail binnenkomen. Een meting van hoge waarde is bijvoorbeeld de maandelijkse netto winst. De metingen van lage waarde hebben normaal gezien invloed op de metingen van hoge waarde, maar het is echter niet altijd even duidelijk wat de exacte impact is.

"Waar zal ik de financiele rapporten van vandaag neerleggen baas?"

Dus vertelde ik Joan dat, nu ze had besloten om te bouwen aan een Leuk Bedrijf, we een manier moesten vinden om te kunnen meten hoeveel Plezier zij en haar team elke maand hadden.

Vanaf het moment dat ik aan Joan het concept van relatief meten had uitgelegd, werd ze enthousiast en stelde een online survey instrument op zodat haar team op het einde van elke week een score kon geven op het Plezier dat ze hadden gehad. Tijdens de eerste maandelijkse strategische werk vergadering deelde Joan het gemiddelde mee van de hele maand.

Het gemiddelde cijfer voor Plezier tijdens de eerste weken was 5.73. Joan vond het moeilijk om dit lage cijfer mee te delen, maar zette door en maakte een discussie mogelijk rond de vraag: wat kunnen we doen opdat dit cijfer volgende maand een 6 of hoger is?

Wat Joan nooit had verwacht, was de enorme inzet van haar mensen, en iedereen ging onmiddellijk akkoord dat het belangrijk was dat Joan meer tijd kon besteden 'aan' het bedrijf, in plaats van afgeleid te worden door kleine details.

Het resultaat van de vergadering was dat ieder lid van Joan's team een specifiek deel van verantwoordelijkheid op zich nam om Joan meer tijd te geven. Cathy bijvoorbeeld bood aan om elke dag de mail te openen en door te nemen zodat Joan enkel de belangrijke mails hoefde te bekijken. Wendy's verantwoordelijkheid was een oogje te houden op Joan's email en het op dezelfde manier te managen als Cathy. Joan daarentegen beloofde om haar e-mail slechts op 3 specifieke tijdstippen gedurende de dag te openen.

Tijdens onze sessie de daaropvolgende week was Joan buiten zichzelf. Ze had zich nooit kunnen voorstellen dat haar team even gebrand was als zijzelf om van het bedrijf een succes te maken; het veranderde haar manier van denken over het bedrijf volledig.

Nu Joan was gestart met het meten van haar hoogste waarde, namelijk Plezier in het Bedrijf, vertelde ik haar dat het tijd was om ook andere metingen te bekijken, en de eerste waarmee we begonnen was hoeveel tijd Joan elke week spendeerde aan het 'werken aan het bedrijf'. Het was per slot van rekening belangrijk om te weten of de beslissingen die op de vergadering genomen waren uiteindelijk ook een impact hadden op hoe Joan haar dag doorbracht.

En dus begon Joan haar dagindeling bij te houden. Ze begon te noteren wanneer ze haar telefoon en e-mail uitzette en begon te werken aan een lange termijn strategie en ontwikkeling, het echte werk van een leider in in organisatie. Leiderschap en wat het inhoud om een echte leider te zijn is het onderwerp van het volgende hoofdstuk, Gebod 9.

(Een aantal jaren later vertelde Joan mij overigens dat haar leven als ondernemer volledig was veranderd tijdens die eerste werk vergadering.)

Volgende Stappen

Hier is de bijbehorende videolink van dit hoofdstuk: <u>www.thetentruths.com.au/tttf/8measurement</u>

Bedrijven kunnen zich niet ontwikkelen zonder meten, dus is het nu tijd om te gaan meten. Misschien meet je de normale dingen zoals winst en cash en klanten etc. Maar wat wil jij dat het beste resultaat is dat gemeten wordt in je bedrijf? Is het Plezier in je Bedrijf zoals Joan of is er iets anders dat belangrijker is voor jou?

1. Brainstorm in je werkboek wat voor jou de allerbelangrijkste indicator is dat je wilt meten in je bedrijf, je kritisch nummer. Is het Plezier in je Bedrijf of is het iets anders?

2. Hoe kan je dit cijfer meten?

3. Maak een lijst van de belangrijkste factoren die een directe impact hebben op dit cijfer (bijvoorbeeld: winst, geldstroom, klanten tevredenheid, werk/leven balans, verkoopkanalen).

4. Creëer een agenda item in je volgende werk vergadering om te bespreken hoe de wekelijkse en maandelijkse metingen te behalen.

Hulpbronnen

De hulpbronnen zijn ook beschikbaar op deze video pagina: www.thetentruths.com.au/tttf/8measurement meer hulpbronnen zullen van tijd tot tijd worden toegevoegd:

- outube: Een goede inleiding tot Voortdurende Vooruitgang... KAIZEN ontmoet het vaatwas team http://tiny.cc/kaizen1

- Hier een goede opsomming van voortdurende verbetering en het Japans concept van "Kaizen" van Wikipedia http://tiny.cc/kaizen2

- TED Bespreking door Jason Fried, auteur van "Rework" een fantastisch boek over het doen en experimenteren van verschillende dingen: http://tiny.cc/jasonfried2

- IDEO: Big Innovation Lives Right on the Edge of Ridiculous Ideas http://tiny.cc/ideoblog

Onthoud

Het hoogste 'iets'
dat je meet is het hoogste 'iets'
dat je kan bereiken.

GEBOD 9

Over Leiderschap

Een Leuk Bedrijf heeft een
leider die bouwt aan een bedrijf
dat bloeit voor iedereen

Wat voor soort leider ben jij?

Jouw mensen willen door jou geleid worden

Het een na laatste Gebod gaat over jou, niet omdat dit Gebod het minst belangrijk is, in tegendeel zelfs. Sterk leiderschap kan, voor een tijdje tenminste, minder dan perfecte scores compenseren in de eerste acht Geboden of zelfs de Geboden van mijn vorige boeken. Als je een sterke leider bent, je hebt het Leiderschap Gebod van mijn eerste boek ten harte genomen: *"jouw tijd, jouw gezondheid en jouw hersencellen zijn goud waard"*; en je leeft volgens de Truth van het tweede boek over leiderschap: *"Je hebt gepassioneerde overtuigingen, je doet wat je zegt en je bent niet bang om te dromen,"* dan doet jouw bedrijf het hoogstwaarschijnlijk beter dan de meeste anderen.

In *The Ten Truths for Making Your Business Grow* schreef ik dat "Een leider simpelweg iemand is die we vertrouwen, en die moedig is, authentiek en gepassioneerd."

En dat is duidelijk een goed startpunt. Als jouw mensen je niet vertrouwen, zal geen enkele systematisering, marketing en planning je bedrijf voorbij een bepaald bestaansminimum brengen.

En omgekeerd, wanneer jouw mensen je volledig vertrouwen, wanneer ze jou moed zien en je passie voelen, zal je voor veel tekortkomingen vergeven worden.

Het Leaderschap Gebod van dit boek gaat echter een stap verder. Ik wil jou uitnodigen om een Leuk Bedrijf te bouwen dat nog jaren lang zal bloeien, niet een bedrijf dat het gewoon maar goed doet op het moment.

Maar een bedrijf dat echt Leuk is, op een manier waarover ik in dit boek heb geschreven, is een bedrijf dat Leuk is voor alle betrokkenen en dat niet alleen voor de eigenaar bloeit.

Wanneer ik iedereen zeg, bedoel ik ook echt Iedereen (met een hoofdletter 'I'): jij, je familie, je personeel, de familie van

je personeel, je leveranciers, je contractpartners, je klanten, je investeerders en zelfs je gemeenschap.

Ik ben er geheel van overtuigd, door alles wat ik de laatste 30 jaar gezien en bestudeerd heb in bedrijven, dat echt goede kleine bedrijven, die Leuk zijn voor iedereen en die jaren lang bloeien, zijn gegrondvest en gebouwd rond een leider die toegewijd is om precies zo'n bedrijf op te bouwen voor iedereen.

In *Good to Great* (waarover we hebben gepraat in Geboden 1, 2 en 3), praat Jim Collins over het concept van 'leiderschap op het 5de peil'. Leiders die op de 5de peil functioneren zijn gepassioneerd, authentiek, gedreven en ambitieus, maar niet voor zichzelf. Peil 5 leiders zijn ambitieus voor hun organisatie en voor hun mensen. Misschien runnen ze zelfs internationale corporaties, maar ze vliegen nog steeds in economy class (de oprichter van Ikea) of doen hun eigen boodschappen in de supermarkt op zaterdag (de oprichter van Walmart) of beantwoorden hun eigen telefoons (de CEO van Nucor staal).

Waar Jim Collins naar verwijst als 5de peil leiderschap heeft een heleboel vergelijkingen met het concept van dienend leiderschap (Servant Leadership), de leider als dienaar. Robert Greenleaf van de Universiteit van Harvard bedacht de term in de jaren '70, maar het idee zelf bestond al langer (een beroemde Chinese generaal schreef duizenden jaren geleden al over een gelijkaardig idee). Robert Greenleaf legt uit: *"De dienaar leider is in de eerste plaats dienaar... het begint met het natuurlijke gevoel dat iemand eerst wil dienen. Dan brengt een bewuste keuze zo iemand tot leiderschap... (in tegenstelling tot iemand die eerst leider is...)."*

Elk bedrijf dat ik heb gezien, klein, medium en groot, dat echt Leuk is en jaren lang bloeit, voor iedereen, wordt geleid door een leider die zichzelf eerst ziet als dienaar en daarna pas als leider.

KLEINE SUPERMARKT

Een goed voorbeeld van het idee van een leider als dienaar is mijn klant die eigenaar is van een supermarkt keten. Ik

heb hem eerder al vermeld. Ik herinner mij nog de dag dat we over de structuur van zijn bedrijf aan het discussiëren waren en een nieuw organisatorisch schema hadden getekend volgens het traditioneel hiërarchisch model, de klassieke piramide structuur. Mijn klant stond bovenaan de piramide als CEO, met twee verschillende top managers onder hem en een heleboel winkel managers in het midden en alle winkel personeel onderaan. We spendeerden veel tijd aan het praten over de structuur en het schema en het werd duidelijk dat mijn klant zich oncomfortabel voelde.

We stonden op en wandelden een tijdje door de kamer toen plotseling zijn ogen oplichtten toen hij aan de andere kant van de tafel stond. "Dat is het," zei hij, "ik ga de piramide omdraaien... ik zie mijzelf onderaan, niet bovenaan. Mijn rol is om iedereen in het bedrijf te steunen om goed werk te leveren en te groeien als mensen." Mijn klant had dit inzicht in 2010 en nu in 2014 begint het een Leuk Bedrijf te worden dat zonder twijfel zal blijven bloeien, voor iedereen voor jaren.

Er is een citaat van verkoop goeroe Zig Ziglar dat hetzelfde principe illustreert: "Je kan alles krijgen wat je wilt in het leven, als je maar genoeg andere mensen helpt krijgen wat zij willen."

Dus... Als je je instelt als de leider van je bedrijf en je maakt het je missie te verzekeren dat het Bedrijf een Plezier is voor iedereen en dat het bloeit voor iedereen voor jaren... zal je de grootste stap hebben gezet om dat ook daadwerkelijk te bouwen... dat beloof ik jou.

De avonturen van Joan in het MKB

Waarin Joan zich ontplooit tot een echte leider

Joan en ik hadden nu bijna een jaar samengewerkt en namen wat tijd om haar hele avontuur wat beter te bekijken.

Toen ik Joan voor het eerst ontmoette, was ze moe, gestresseerd en overweldigd door haar werk. Ze kwam maar net door haar dagen en weken heen en ze kon zich niet meer herinneren wanneer ze zich voor het laatst nog energiek en enthousiast voelde. Elke morgen arriveerde Joan op haar werk met een knagend gevoel en vroeg ze zich af hoe ze de volgende 30 jaar zou overleven.

Negen maanden later was dat knagend gevoel en vermoeidheid volledig verdwenen en sprong ze 's morgens uit bed, gretig om naar haar werk te vertrekken. Joan vertelde me dat haar partner enkele weken geleden zei hoe opgelucht ze was met haar nieuwe energie omdat ze een jaar geleden erg ongerust begon te worden. Joan en haar partner hadden zelfs beslist een vakantie van 2 weken te boeken, hun eerste echte vakantie in vier jaar.

Niet dat Joan niet hard werkte, integendeel, ze werkte harder dan ze ooit had gedaan, maar nu had ze het gevoel dat ze aan de juiste dingen aan het werken was en ze kon elke week en elke maand vooruitgang en ontwikkeling zien.

Ik vertelde Joan dat ze een lange weg had afgelegd en dat ik geïnspireerd was door haar avontuur van de afgelopen negen maanden, en dat ze fantastisch was gegroeid als leider. Joan keek mij nogal vreemd aan toen ik haar beschreef als leider, ze zei: "Ik, een leider? Doe nou niet gek, hoe kan iemand die een klein bedrijf heeft met 4.5 mensen geclassificeerd worden als leider? Ik heb gewoon enkele dingen veranderd omdat ik helemaal gek werd en op die manier niet meer verder kon.

Eén definitie van leiderschap is dat een leider een visie creëert voor een groep mensen en die groep steunt in het waarmaken van die visie, en ik vertelde Joan dat dat net het soort leiderschap was dat zij de laatste jaren had getoond.

Leiderschap is ook één van de laatste Geboden omdat dit gebied het open staat voor de meeste ontwikkeling. Leiders stoppen nooit met leren en streven continu naar verbetering en persoonlijke groei.

Ik vertelde Joan over een aantal grote bedrijfsleiders van de moderne tijd, niet de rocksterren leiders van wie we de namen allemaal gehoord hebben, vervolgens het geld

innen en het bedrijf dan achter zich laten instorten. Maar de stille verlichte bedrijfsleiders die jaar na jaar groeien en ontwikkelen zonder veel lawaai. Ik legde uit dat om een Leuk Bedrijf te bouwen dat jaren bloeit, je moet streven naar het worden van een verlichte leider. Verlichte leiders zijn toegewijd, gedreven en ambitieus, maar niet voor zichzelf, eerder voor het bedrijf en zijn mensen.

Joan zei: "Dus je bedoelt dat om een bloeiend bedrijf te bouwen voor mijzelf, ik eigenlijk een bloeiend bedrijf moet bouwen voor iedereen?"

Toen wist ik dat Joan begreep wat verlicht leiderschap was. Het is inderdaad mogelijk om een bloeiend bedrijf voor jezelf te bouwen; het zal wellicht even mee gaan, maar het zal niet blijven bestaan. De echte grote kleine bedrijven zijn geweldige bloeiende organisaties om deel van uit te maken voor iedereen.

Joan was heel stil op het einde van die sessie. Het werd duidelijk voor haar dat vandaag niet het einde was van haar avontuur... het was slechts het begin.

De oude grap kwam in mij op:

Ik heb goed nieuws en slecht nieuws voor jou... Laat mij eerst het slechte nieuws brengen:

Het slechte nieuws is dat het je je hele leven zal kosten om deze vaardigheid te leren.

Het goede nieuws nu: het goede nieuws is dat het je je hele leven zal kosten om deze vaardigheid te leren.

Joan had haar 'levenswerk' gevonden.

Volgende Stappen

Hier is de bijbehorende videolink van dit hoofdstuk: www.thetentruths.com.au/ tttf/9leadership

Leiderschap is een groot onderwerp en er zijn hele bibliotheken over geschreven. Ik heb een aantal links naar artikelen, boek samenvattingen en video's in de bronnen sectie opgenomen.

1. Spendeer één uur aan het bekijken van de video's of het lezen van de artikelen of boek samenvattingen over leiderschap, of zoek er zelf één.

2. Noteer in je werkboek de top drie dingen die je geleerd hebt door de video's te bekijken en door de artikelen te lezen.

Hulpbronnen

De hulpbronnen zijn ook beschikbaar op deze video pagina: <u>www.thetentruths.com.au/tttf/9leadership</u> meer hulpbronnen zullen van tijd tot tijd worden toegevoegd:

- Colleen Barrett over dienend leiderschap bij Southwest Airlines: <u>http://tiny.cc/cbarrett</u>

- Simon Sinek, 'Leiders eten laatst': <u>http://tiny.cc/simonsinek2</u>

- Bob David praat over leiderschap zonder ego: <u>http://tiny.cc/bobdavids</u>

- Dienend leiderschap gedefinieerd: <u>http://tiny.cc/wikiservant</u>

- Hoe Martin Luther King worstelde met boosheid en wat je van zijn leiderschap kan leren: <u>http://tiny.cc/martinluther</u>

Onthoud

Als je iets wilt hebben dat je nog nooit hebt gehad, moet je eerst iemand worden die je nog nooit bent geweest.

GEBOD 10

Over Bedrijfsgroei

Genoeg is genoeg

Een bedrijf hoeft niet te groeien om gezond te zijn

Voldoende is een uitstekend Doel

Het Tiende Gebod is een beetje verschillend van de eerste negen. Het is een naschrift en het verklaart de tweede helft van de titel van het boek en de slotzin van elk hoofdstuk: "een bedrijf dat nog jaren bloeit." Misschien herinner je je nog wat ik in de inleiding van dit boek schreef: "De drie boeken weerspiegelen ook mijn reis van de afgelopen jaren in mijn denken over bedrijfsvoering." Die weerspiegeling is vooral duidelijk in dit Gebod, over bedrijfsgroei. Laat mij het uitleggen.

Nadat ik mijn tweede boek had geschreven, voelde ik mij zowel trots als tevreden, maar onbewust was er ook een gevoel van ongemak dat ik niet kon plaatsen. Gedurende meer dan een jaar was dit gevoel van ongemak aanwezig op de achtergrond.

De originele van mijn tweede boek was *The Ten Truths for Building a Great Growth Company*, en wanneer ik secties en hoofdstukken opnieuw las, voelde ik mij wel altijd enthousiast en tevreden over de inhoud.

Ongeveer een jaar geleden realiseerde ik mij opeens waar dat gevoel van ongemak vandaan kwam. Het ongemak had niets te maken met de inhoud, maar met de titel van het boek, specifiek de term 'een Great Growth Company'. Wat ik besefte was dat ik niet meer in de hele bedrijfsgroei mythe en het klassieke ondernemingsmodel geloofde. (Ik heb sindsdien overigens dit tweede boek met een nieuwe titel heruitgegeven: The Ten Truths for Making your Business Grow).

DE MYTHE

De bedrijfsgroei mythe klinkt ongeveer als volgt:

Elk gezond bedrijf moet groeien; een bedrijf dat niet groeit, sterft.

Iedere bedrijfscoach, goeroe, mentor, raadgever, auteur, academicus en MBA student zal je vertellen dat dit een basis principe is van de bedrijfswereld, kapitalisme en samenleving in zijn geheel.

Ik geef toe dat tot voor kort, ik ook uit ditzelfde zangboek zong, als een enthousiast lid van het koor. Maar dezer dagen heb ik me gerealiseerd, dat het principe goed klinkt, maar verkeerd is... helemaal verkeerd.

Het doet mij denken aan het citaat van de Amerikaanse journalist HL Mencken:

Voor elk complex menselijk probleem, is er een aannemelijke oplossing die eenvoudig, netjes, duidelijk en verkeerd is.

Ik weet niet wie als eerste verklaarde dat bedrijven moeten groeien (en sterker nog, dat meer groei per definitie beter is dan minder groei) en ik weet ook niet in wat voor context dat verklaart is, maar het is onzin.

En bovendien is het gevaarlijke onzin en het heeft al allerlei soorten schade als gevolg gehad voor ondernemers, hun familie, vrienden en gemeenschappen.

Het idee dat bedrijven moeten groeien om niet te falen, bestaat naast een aantal andere ideeën waarop we het management van onze samenleving baseren. Ik geloof dat dit idee nauw gerelateerd is aan onze celebrity verering, de westerse depressie epidemie en andere mentale gezondheidsproblemen, zoals anorexia nervosa bij jonge mensen en het geloof in onze samenleving dat niets ooit genoeg is.

NOOIT GENOEG

Omdat in de 21ste eeuw, we nooit:

- Dun genoeg zijn
- Rijk genoeg zijn
- Goed genoeg zijn als ouders
- Genoeg geschoold zijn

- Succesvol genoeg zijn

- Mooi genoeg zijn

- Slim genoeg zijn.

En als ondernemer zijn we zeker niet goed genoeg.

Wij meten ons succes als ondernemers af van of we wel of niet ons bedrijf voor $100 miljoen kunnen verkopen.

Of meer specifiek, de rolmodellen en schitterende voorbeelden die we verwacht worden na te streven als ondernemers zijn mensen zoals Richard Branson, Steve Jobs of Larry Page, mensen die een bedrijf hebben opgestart en miljardair zijn geworden. En begrijp me niet verkeerd, ik vind een aantal van die mensen ook geweldig, daar gaat het niet om, maar ik ken veel andere mensen die ik net zo geweldig vind en even inspirerend en ze zullen nooit miljardairs worden, waarschijnlijk niet eens miljonairs.

Laat me uitleggen hoe ik tot de conclusie ben gekomen dat bedrijven eigenlijk helemaal niet hoeven te groeien, aan de hand van een voorbeeld van één van mijn klanten.

MIJN FAVORIETE KLANT

Ik heb een klant die loodgieter is en hij heeft drie busjes op de weg en drie werknemers. De volgende jaren zouden er mogelijk nog één of twee werknemers kunnen bijkomen en één of twee busjes meer op de weg, maar dat is waarschijnlijk waar hij zal stoppen met groeien. Hij zal mogelijk zijn loodgietersbedrijf nog verderzetten voor de komende 20 tot 30 jaar en dan, misschien, zal één van zijn kinderen het bedrijf overnemen, of één van zijn werknemers.

Maar hoe dan ook, iemand zal waarschijnlijk hetzelfde bedrijf op min of meer dezelfde wijze en min of meer

"Dag nummer 723 in het paradijs... wat zullen vandaag eens doen... laten we maar wat slapen of zo... ok?"

dezelfde grootte beheren voor het overgrote deel van deze eeuw en langer.

Zijn bedrijf is niet aan het sterven, verre van.

Zijn bedrijf voorziet hem en zijn familie en zijn werknemers en hun familie van een goed, betekenisvol, waardevol leven. Een leven waar hij tevreden of trots op kan zijn. Zijn bedrijf zorgt voor een goed leven voor de mensen waar hij om geeft en maakt het mogelijk voor hem om dingen te doen die hij wil doen. Zijn bedrijf is een perfect voorbeeld van een bloeiend bedrijf dat hem en iedereen in het bedrijf ondersteunt en dat nog jaren zal doen.

HET KLEINE STEMMETJE

Ik heb hier niet specifiek over gepraat met mijn klant, maar ik kan je verzekeren dat er een klein stukje van zijn hoofd, het kleine stemmetje op zijn schouder,(mijn stemmetje heet overigens Karel ... Hoe heet die van jou?) fluistert: "Noem jij jezelf nou een echte ondernemer?"; "Jij bent duidelijk geen serieuze zakenman... een serieuze zakenman zou zijn bedrijf toch al lang hebben uitgebouwd tot op z'n minst 20 busjes... een echte ondernemer had zichzelf al lang een enorm doel gesteld om heel Nederland te domineren binnen een paar jaar, met kantoren en managers en uitvoerders... klaar voor een winstgevende overname door de BAM of Heijmans of zo "... "Je bakt er dus helemaal niets van als zakenman."

Wat fluistert jouw stemmetje
tijdens de stille momenten?

Er wordt ons verteld door alle zelfontwikkeling- en bedrijfsontwikkeling goeroes, door alle bedrijfscoaches en zakenmensen die 'het gemaakt' hebben, dat we een overvloeds instelling moeten hebben, dat er ongelimiteerde groei mogelijkheden zijn en dat er oneindig veel geld voor iedereen is. Het enige dat we hoeven te doen is juist te denken en de juiste instelling te hebben. Zolang we de juiste ondernemende manier van denken hebben, kunnen we allemaal net doen zoals de titel van één van Richard Branson's boeken voorstelt, "Screw It, Let's Do It", en wij zullen ook binnenkort een eiland in de Bahama's bezitten.

Laat me hier even duidelijk over zijn:
Jij zal geen eiland in de Bahama's komen
te bezitten, en ik evenmin…

En weet je? Dat is helemaal OK (Al die zon en zee en strand en dat allemaal zonder 4G verbinding… verschrikkelijk toch!).

GROOTSE MOED

Bekende onderzoeker, professor aan de Universiteit van Houston en auteur Brene Brown zegt in haar boek *Daring Greatly, How the Courage to Be Vulnerable Transforms the Way We Live, Love, Parent, and Lead*, dat het tegenovergestelde van schaarste niet overvloed is. Brene Brown stelt dat schaarste en overvloed eigenlijk twee kanten van dezelfde munt zijn. Het tegenovergestelde van schaarste is niet overvloed, het is genoeg, of voldoende.

En zo is dat zonder meer. Mijn klant, de loodgieter, zal wellicht één of twee extra busjes aankopen in de komende tijd, die het mogelijk maken voor hem om bepaalde klussen te kunnen aannemen en een administratie assistente aan te nemen zodat hij niet meer dan 2 dagen per week 'er boven op moet zitten' en dat zal hoogstwaarschijnlijk 'genoeg' zijn voor hem.

Dit betekent niet dat het bedrijf in slaap valt of sterft… natuurlijk niet. Er zijn altijd nog van allerlei aspecten van het bedrijf die verbeterd kunnen worden en vlotter zouden kunnen lopen, er zijn rendementen die behaald moeten worden en zijn mensen kunnen beter worden en ontwikkelen en het bedrijf kan ook alsmaar meer winstgevend worden.

De uitdagingen stoppen niet, het leven stopt niet, maar bedrijfsgroei kan wel stoppen.

DE OVERVLOED FANTASIE

Wanneer ons verteld wordt om onze bescheiden gedachten los te laten en een overvloedige instelling te omhelzen, wordt ons een fantasie verkocht. Door die druk om de overvloedige mentaliteit te omarmen geeft ons een slecht gevoel over ons zelf, het leidt tot gevoelens van falen en van schaamte.

Er is maar plaats voor één Richard Branson en één Donald Trump (gelukkig) op deze wereld en 99.99999999999 procent van de mensen op deze wereld zullen geen miljardair worden.

Nog jij nog ik zullen onze bedrijven verkopen voor $100 miljoen. Dit boek zou misschien door 100,000 mensen gelezen kunnen worden bijvoorbeeld, en het is mogelijk dat één of twee hiervan hun bedrijf verkopen voor een enorm bedrag, maar de rest van ons, alle 99,998 zullen hun leven op gewone gemiddelde wijze verder leiden en op het einde een andere manier moeten vinden om te meten hoe goed we het hebben gedaan in de 75 of 90 jaar die ons gegeven is.

DE ONDERNEMERS MYTHE

De ondernemers mythe, de bedrijfsgroei mythe heeft ons allemaal veel schade aangedaan. We lopen rond met gevoelens van tekortkomingen, schuld en schaamte omdat we diep vanbinnen weten dat we niet de volgende celebrity ondernemer zullen zijn. venture kapitalisten gaan geen miljoenen dollars in ons investeren om zich een paar jaar later uit te laten kopen. En dus lopen we rond met een gevoel van schaamte.

Stoppen daarmee!

Voldoende is een uitstekend Doel. Zoals Brene Brown zegt in haar eerste TED toespraak… "Jij bent genoeg."

Met mijn laatste woorden in dit boek over een Leuk bedrijf dat nog jaren zal bloeien, wil ik je aanmoedigen om jezelf de vraag te stellen hoe genoeg er voor jou uitziet.

TOT SLOT EN BESLUIT

Tot slot, voordat ik Joan het laatste woord geef, hoop ik echt dat je dit boek zal gebruiken bij het bouwen van een Leuk Bedrijf dat nog vele jaren zal bloeien voor jou en iedereen die bij het bedrijf betrokken is, Een bedrijf dat streeft naar de beste te zijn in iets, gepassioneerd en winstgevend. Een bedrijf waarin iedereen weet wat er bereikt moet worden en hoe. Een bedrijf met voorspelbaarheid, zodat mensen zich veilig voelen en weten wat ze kunnen verwachten. Een bedrijf waarin jijzelf groeit en bloeit als echte leider, en dat de tand des tijd doorstaat.

En Ik hoop dat je zoveel Plezier zal hebben als maar kan.

De avonturen van Joan in het MKB

*Waarin Joan weer gestresseerd wordt
en zegt: genoeg!*

Joan en ik stopten met het wekelijks samen werken na dat eerste jaar, maar we hadden nog regelmatig contact en Joan's avontuur bleef fantastisch en inspirerend.

Vanaf het moment dat Joan de eerste negen Geboden toepaste in dat eerste jaar was haar bedrijf in een hogere versnelling gegaan. Op het einde van haar vierde jaar had Joan vijf werknemers en op het einde van haar vijfde jaar had ze 11 ontwerpers en project leiders.

Maar er ging iets mis. Joan begon langzaam maar zeker het gevoel van Plezier dat ze had hervonden tijdens de vorige twee jaren kwijt te raken en we bespraken dit uitvoerig.

Joan was haar doelen aan het verwezenlijken, ze was geld aan het verdienen en ze was trots op haar team, maar iets begon haar dwars te zitten.

Het grote probleem was, zo bleek, dat Joan nooit kans meer had om zelf te ontwerpen. Joan was nog steeds gepassioneerd voor ontwerpen, ze miste het om dit zelf te doen en was soms zelfs jaloers op de ontwerpers in haar team die de hele dag konden dromen over fantastisch uitziende websites en mooie dingen, terwijl zijzelf van de ene vergadering naar de andere ging, managen en ontwikkelingen bedenken en strategieën maken. Allemaal goede dingen, maar Joan miste het echte ontwerp werk. Bovendien produceerde het bedrijf nu zoveel werk voor zoveel klanten dat ze noch niet eens 50 procent van het werk zag dat geleverd werd en ze voelde zich hierdoor meer en meer oncomfortabel.

Ik herinnerde haar eraan dat het in de eerste plaats haar bedrijf was. Als het bedrijf haar niet gaf wat zij er zelf van wilde ontvangen, dan was het tijd om de zaak te veranderen.

Maar Joan was zo toegewijd aan haar grote lange termijn doelen, haar WWD, dat ze zich geen andere weg kon voorstellen.

Ik vertelde haar over het kleine stemmetje op haar schouder en dat ik het gevoel had dat Joan teveel wijsheid aan het kleine stemmetje toe schreef. Ik had de sterke indruk dat het stemmetje dingen zei zoals: "Als je niet blijft groeien dan ben je geen echte ondernemer," en dat ze niet kon stoppen nu ze zich had toegelegd op haar WWD, haar Wilde Woeste Doel, stoppen zou opgeven zijn en zwak zijn.

Dus daagde ik haar uit:

Wie zegt dat bedrijven moeten groeien? Wie zegt dat je dat lange termijn Doel dat je jaren geleden hebt opgesteld moet blijven najagen? Dat Doel leek twee en een half jaar geleden een goed idee, misschien is de glans van dat Doel af nu, en is het niet meer zo'n goed idee op na te jagen.

Ik werd herinnerd aan een mooi citaat toegeschreven aan Winston Churchill toen hij laatdunkend werd beschuldigd door een mede parlementslid dat hij van mening was veranderd. Hierop antwoordde Churchill: "Ja mijnheer, ik ben inderdaad van mening veranderd, dat doe ik altijd wanneer het mij duidelijk wordt dat ik verkeerd ben… Wat doet U dan, mijnheer?"

Ik zei tegen Joan dat het misschien eens tijd was om een nieuwe balans op te maken, van gedachten veranderen en haar doelen te evalueren.

En dat heeft Joan gedaan. Joan is een weekeind weg gegaan en samen met haar partner het hele weekeind aan het brainstormen en plannen maken gegaan en alle opties en mogelijkheden onder ogen genomen.

Ik zag haar weer een week later en ze vertelde me dat ze had besloten om het bedrijven terug te draaien tot ongeveer zeven mensen en dat ook zo te houden. Met zeven mensen en geen druk om steeds maar verder te blijven groeien, kon ze selectiever zijn in het soort klanten en projecten dat ze wilde aannemen. Het zou haar de tijd geven om af en toe zelf opnieuw design werk te doen en vooral een overzicht te houden over al het werk dat door het bedrijf werd uitgevoerd.

Het duurde bijna een jaar om het bedrijf terug te draaien, maar toen ze haar nieuwe grootte eenmaal had bereikt, vond Joan ook haar Plezier weer terug. Een jaar later was Joan zo gelukkig en tevreden als ze nog niet eerder was geweest in haar bedrijf. Er werd geld verdient, haar personeel was gemotiveerd en toegewijd, haar klanten waren fans, Joan was trots op haar team en het werk dat ze produceerden en ze vond tijd om ook andere dingen in het leven te doen waar ze van genoot, zoals tijd doorbrengen met haar partner.

En Joan's bedrijf was Leuk en Joan's bedrijf ondersteunde haar en Joan's bedrijf ondersteunde iedereen... nog voor jaren.

Het einde.

Volgende Stappen

Hier is de bijbehorende videolink van dit hoofdstuk: www.thetentruths.com.au/tttf/10growth

In deze laatste Volgende Stappen wil ik dat je tijd spendeert aan het duidelijk maken wat voor jou het meest belangrijke in je leven is en wat 'genoeg' voor jou betekent.

1. Lees het extract van Steven Covey zijn hoofdstuk, 'Begin with the end in mind'.

2. Schrijf in je werkboek een één-pagina lofrede waarvan je wilt dat iemand die aan je graf voorleest.

3. Bekijk de twee video's van Brene Brown en Lynne Twist die je vindt bij de bronnen sectie.

4. Brainstorm een paragraaf in je werkboek over wat 'genoeg' betekent voor jou in je bedrijf en wat je moet bereiken met je bedrijf waardoor je tevreden met je prestaties zal zijn.

Hulpbronnen

De hulpbronnen zijn ook beschikbaar op deze video pagina:
www.thetentruths.com.au/tttf/10growth meer hulpbronnen
zullen van tijd tot tijd worden toegevoegd:

- Brene Browns TED bespreking, 'Jij bent
  genoeg': http://tiny.cc/brenebrown

- Lynne Twist, 'The soul of money,
  sufficiency' http://tiny.cc/lynnetwist

- Artikel in de Guardian krant: De top-5 berouw
  van de stervende: http://tiny.cc/top5regrets

Onthoud

Jij bent genoeg.

BONUS GEBOD

Over kleine stappen en externe hulp

Vele kleine stappen leiden tot grote verandering

De weg uit het gevoel van overweldiging naar Plezier in Bedrijf begint vooral met weten wat het volgende is dat je moet doen en zeker zijn over je bekwaamheid om dat uit te voeren. Zoals ik zei in de inleiding functioneren ondernemers vaak vanuit een gevoel van overweldiging omdat ze niet weten wat het volgende is dat ze moeten doen en als ze het wel weten, zijn ze niet zeker of ze eigenlijk wel weten hoe ze dit moeten doen.

Er is een bekend Chinees gezegde dat zegt "Zelf de reis van duizend mijl begint met de eerste stap." En hoewel dit natuurlijk waar is, vergeten we soms dat we ook de tweede en de derde en de vierde stap moeten nemen.

Consequent zijn is de sleutel; Consequentie laat alles samenkomen. Net zoals de enige manier om af te vallen is om vandaag minder te eten, en morgen en de dag erna, consequent, kan je alleen je doelen bereiken door consequente stappen voorwarts te maken.

Consequentie is moeilijk

Consequent zijn is voor iedereen moeilijk, maar vooral voor kleine ondernemers omdat die er helemaal alleen voor staan. Eén van de dingen die ik het meeste hoor van nieuwe ondernemers is dat ze verrast zijn door al die kleine dingen. Die honderden kleine dingen die zoveel van hun tijd vergen; hoe moeilijk het is om iets gedaan te krijgen door die eindeloze lijst van kleine en grote dingen en date er niemand anders is om die dingen te doen en niemand om mee te praten.

Als ondernemer is er niemand die jou verantwoordelijk houdt. Niemand zal je terug op het juiste pad zetten en niemand zal zorgen dat je gefocust blijft op dingen die belangrijk zijn op middellange en lange termijn. Niemand om mee te brainstormen en niemand die een helpende hand biedt wanneer de grond onder je voeten dreigt te verdwijnen. Vrienden, familie, partners of personeel kunnen je dit soort steun niet geven.

Door dit boek heen heb je over Joan gelezen, die vandaag bij het schrijven van dit boek nog steeds mijn klant is. Joan voelde zich alleen en overweldigd toen we elkaar leerden kennen. Iedereen die alles alleen moet doen en in zo'n staat van overweldiging zit, kan niet optimaal functioneren. Hersenen in een staat van overweldiging werken gewoonweg niet op volle capaciteit.

Maar om één of andere reden blijven veel ondernemers toch dat ze alles zelf moeten doen, want als ze het niet zelf doen, dan falen ze in een soort mythische ondernemerschaps-test.

Geloof me: Niets is minder waar. De meeste ondernemers hebben externe hulp nodig om Leuk Bloeiend Bedrijf voor veel jaren te bouwen, net zoals Joan.

Steun is er in vele vormen, zoals een mentor, adviseurs (formeel of informeel) of business coaches zoals ik. Als laatste wil ik dan ook zeggen dat ik je aanspoor om je eigen vorm van externe hulp te vinden.

Ik zou het leuk vinden om met jou te praten over de verschillende programma's die ik aanbied aan kleine ondernemers zowel online of face-to-face. Ga gerust een kijkje nemen op mijn website www.newperspectives.com. au of contacteer mij via email op roland@newperspectives. com.au.

Maar of je nu met mij praat of met iemand anders, ik verzeker je dat, als je een echt Leuk Bedrijf wil bouwen dat nog jaren zal bloeien, het zoveel Leuker is om dat niet altijd maar alleen te blijven doen.

Dat beloof ik je.

Volgende Stappen

Denk na over de volgende vragen:

1. Wanneer was de laatste keer dat je onafhankelijke feedback hebt gekregen van iemand die geen personeel, vriend of partner is?

2. Wanneer was de laatste keer dat je iemand om hulp hebt gevraagd om je regelmatig ter verantwoording te houden?

3. Wanneer was de laatste keer dat je over een probleem hebt gebrainstormd met iemand van buiten het bedrijf?

4. Wanneer was de laatste keer dat iemand je terug op het rechte pad heeft gebracht en je eraan herinnerde om je focus te houden?

Hulpbronnen

- http://www.newperspectives.com.au

Onthoud

Kennis leidt niet tot succes... Actie wel.

Over de Auteur

Ik ben Roland Hanekroot, eigenaar en oprichter van New Perspectives Business Coaching. Op het moment dat ik dit schrijf, bied ik een aantal krachtige programma's aan gericht op kleine tot middelgrote ondernemingen:

- The New Perspectives Fun in Business Intensive™
- The New Perspectives Small Business Masterminds™
- The One-Month Business Transformation Programs
- The Wayside Trial sessions
- The New Perspectives Business Growth Club™
- The New Perspectives One-Page Planning Workshops™

Mijn eerste boek *The Ten Truths for Raising a Healthy Bouncy Business* en mijn tweede boek *The Ten Truths for Making your Business Grow*, en nieuwe boek liggen aan de grondslag van het werk dat ik doe met kleine ondernemers.

Mijn werk en New Perspective Business Coaching rusten op mijn overtuiging dat de teveel kleine ondernemers functioneren vanuit een gevoel van overweldiging en stress en gevoel van tekortkoming in hun rol als ondernemer, vandaar dus het doel van New Perspectives Business Coaching:

Kleine ondernemers helpen om zich goed te voelen over zichzelf en hun bedrijf door een Leuk bedrijf op te bouwen dat nog jaren bloeit.

Ik ben ook op andere manieren actief in kleine ondernemingen en lokale gemeenschappen in Sydney, zoals:

- Eigenaar en community manager van de populaire LinkedIn groep Small Business Masterminds, waar talrijke discussies plaatsvinden met bijna 700 gepassioneerde leden.

- Medeoprichter van de meest succesvolle zakelijke referral groep in het land, BNI ALL About Business

- Vrijwilliger en supporter bij The Wayside Chapel in Kings Cross in Sydney.

Ik begon met business coaching, begeleiding en advisering vanuit een MKB achtergrond. Ik heb zo'n 20 jaar ervaring als oprichter en eigenaar van verscheidene succesvolle bedrijven in bouwerij, IT en bedrijfsadvies.

Ik heb oorspronkelijk een opleiding journalistiek gevolgd in Nederland en gewerkt voor verscheidene dagbladen in de Randstad. Later werd ik aannemer en richtte ik een succesvol residentieel bouwbedrijf op in Australië voor meer dan 20 jaar. Ik heb ook in Griekenland, de Caraïbische zee, Engeland en Italië gewoond en gewerkt.

Ik ben een gediplomeerde coach met Results Coaching Systems en heb uitgebreide voortgezette coach trainingen met Results en andere organisaties uitgevoerd. Ik heb studies gedaan op het gebied van leidinggeven, bedrijfs- en team coaching.

Naast mijn coaching kwalificaties ben ik een gekwalificeerde telefoon crisis-counselor en ben ik getraind in Neuro Linguistics Programming (NLP) en Neuro Semantics, Solution Focused Brief Coaching en ook 'workplace training en assessment. Ik gebruik verschillende onderdelen van al deze disciplines, op passende wijze, in mijn coaching.

Mijn achtergrond, vaardigheden en ervaring, en de voortdurende training die ik heb en zal blijven ondergaan, plaatsen mij in een unieke positie. Ik kan mijn achtergrond en training als kleine ondernemer en zakenman combineren met mijn kwalificaties in coaching, training en gerelateerde disciplines. Met andere woorden: Ik kan mijn klanten het beste bieden van beide werelden – coaching en bedrijfsadvisering.

Ik woon in de binnenstad van Sydney en New Perspectives Business Coaching is gebaseerd in mijn kantoor in Elizabeth Bay. Ik werk met kleine ondernemers uit de hele wereld.

Roland Hanekroot
NEW PERSPECTIVES COACHING